读客文化

为什么只有人类会思考？

[澳] 蒂姆·贝恩 著　李小霞 译

中原出版传媒集团
中原传媒股份公司

大象出版社
·郑州·

图书在版编目（CIP）数据

　　为什么只有人类会思考？ /（澳）蒂姆·贝恩著；
李小霞译 . —— 郑州：大象出版社，2021.12
　　ISBN 978-7-5711-1227-1

　　Ⅰ . ①为… Ⅱ . ①蒂… ②李… Ⅲ . ①思维科学
Ⅳ . ① B80

　　中国版本图书馆 CIP 数据核字（2021）第 214341 号

为什么只有人类会思考？
WEISHENME ZHIYOU RENLEI HUI SIKAO

[澳] 蒂姆·贝恩　著

李小霞　译

出 版 人	汪林中
策划编辑	韩汶君　　闫莹莹　　沈　骏
责任编辑	司　雯
责任校对	万冬辉
美术编辑	杜晓燕
封面设计	王　晓
版式设计	王　晓

出版发行　大象出版社（郑州市郑东新区祥盛街 27 号　邮政编码 450016）
　　　　　　发行科　0371-63863551　总编室　0371-65597936
网　　址　www.daxiang.cn
印　　刷　大厂回族自治县德诚印务有限公司
经　　销　各地新华书店经销
开　　本　880 mm×1230 mm　1/32
印　　张　5.75
字　　数　89 千字
版　　次　2021 年 12 月第 1 版　2021 年 12 月第 1 次印刷
定　　价　36.00 元

版权所有，侵权必究
如有印刷、装订质量问题，请致电 010-87681002（免费更换，邮寄到付）

谨以此书献给我的父母，

是你们教会了我如何思考。

致　谢

由衷感谢彼得·卡鲁瑟斯（Peter Carruthers）、米歇尔·蒙塔格（Michelle Montague）、詹妮弗·纳格尔（Jennifer Nagel）、克里斯托弗·里辛格（Christoph Reisinger），并特别感谢雅各布·霍威（Jakob Hohwy）。上述各位为本书的各个章节提供了诚恳的评论。

目　录

插图目录

第一章

什么是思维？

人不过是一根芦苇，是自然界最脆弱的东西；但

他是一根会思考的芦苇。

——布莱瑟·帕斯卡[1]

什么是思维？在一本书的开头就提出这个问题似乎有些奇怪。但是我有相当大的把握，任何一位敢于读书——特别是敢于读一本关于思维的书的人，都不会对"思考"二字陌生。事实上，你今天可能已经进行过很多次思考了。尽管在平常的一天中，人可能有不怎么动脑子的时候——也许还有完全不动脑子的时候——但如果一直不动脑子，那就不算人类了。

1　布莱瑟·帕斯卡（Blaise Pascal，1623—1662），法国数学家、物理学家、哲学家、散文家。——译者注（如无特殊说明，本书注释均为译者注。）

不管你的这些想法是平庸乏味（"我饿了"），还是令人心惊肉跳（"他有枪！"），还是意义深远（"有些无穷大比其他无穷大更大"），又或者是彻头彻尾的奇谈怪论（"我是上帝的左脚"），都无法否认一点：思考是人类的本性。我们可以说，思考之于人类，就像飞翔之于苍鹰、游泳之于海豚一样。

但是，思考是一回事，理解思维的本质却是另一回事。这好比鹰在飞行时并不了解空气动力学原理，海豚在游泳时并不了解浮力原理一样，我们大多数人在思考时并不真的了解思维的本质。思考可能是一件司空见惯的事，但思考"思维"本身则需要一种相当特殊的思考方式。

对思维的研究跨越了许多学科。哲学家们研究思维的逻辑结构以及思维与其他心理现象（Mental Phenomena）[1]——比如知觉状态（Perceptual States）和身体感觉（Bodily Sensations）[2]——之间的关系；心理学家研究支撑我们思考能力的心理学过程，以及破坏这些过程的方式；神经学家研究思维

---

1 心理现象是胡塞尔（Edmund Husserl）创造的术语，是指心理活动的过程、状态及其倾向性特征。

2 Perception（知觉），Sense（感官、感觉），Bodily Sensations（身体感觉）。作者用感觉状态指代"知觉状态+身体感觉"。知觉和感觉的区别是：感觉是感觉器官引起的，知觉是对这些感觉的处理。

的神经机制;人类学家研究思维模式的文化差异;语言学家研究思维和语言的关系;认知动物行为学家研究非人类物种的思维;计算机科学以及人工智能方面的研究人员研究思维在非生物系统中可能的实现方式。在本书中,我会在这些学科里自由切换,为大家介绍思维的诸多迷人之处。由于篇幅有限,本书只精选了部分内容;关于思维的某些论述会一带而过,还有更多论述则会完全忽略。但我希望,我们在本书中提到的这些内容会激发你的兴趣,对"思维"这一世界上最有吸引力的话题之一进行深入探索。

要想清晰地思考某个话题,通常需要对话题分门别类;那么,清晰地思考思维这件事也不例外。"思维"(Thought)这个术语可以用来指代精神活动中三个完全不同的方面。第一,"思维"可以用来指代某种心智官能(Mental Faculty)。有的心智官能和看、听的能力相关,同样,还有一种(或多种)心智官能和思考的能力相关。这些心智官能引发了一系列的问题。拥有这些官能需要什么前提?哪些生物拥有这种官能?思维的官能和其他诸如感知、语言等心智官能之间有什么关系?

第二,"思维"这个词可以用来指代某种心智状态

（Mental State）或者心智事件（Mental Event）。想到一件事，就是以某种方法把这件事呈现在大脑中。当然，有一些方法不需要借助思维就可以做到这一点。比如，看到一个物体就是把物体呈现在大脑中。尽管我们可以——而且经常——想到我们看到的物体，但是看到一个物体和想到一个物体是两回事。虽然很难确切地说出，利用思维把某件东西呈现在大脑中有什么独特之处，但它表现出来的现象我们都很熟悉。当托尔斯泰提到安娜·卡列尼娜时，他这样写道："她白天用工作、夜里用吗啡来摆脱那种可能失宠的忧虑。"[1]我们立刻就能体会出她的思想状态。但是，我们能否超越这种对思维的简单、直观的把握，而去理解它的本质呢？我们能说出一个人的想法和其他类型的心智事件——比如身体感觉、知觉经验或者情绪状态——有什么不同吗？我们能分辨一种想法（意识到自己算错账了）与另一种想法（怀疑咖啡是不是煮好了）之间的不同吗？思维的核心本质是什么？我们可以用某种物理状态来解释吗？还是说，必须诉诸非物理现实来解释？

---

1 《安娜·卡列尼娜》是俄国作家列夫·尼古拉耶维奇·托尔斯泰创作的长篇小说，也是其代表作品。此处引用小说中的原文句子，采用的是草婴的译本。

　　"思维"这个词指代的精神活动的第三个方面是一种特殊的活动。一个人可能忙于某个活动，比如找人或者听音乐，他可能深陷其中，无暇分身；同样，一个人也可能忙于思考某件事情。我们分心时会抱歉地说自己"陷入了沉思"；我们不想讨论一个话题时，借口往往是"太累了，不愿意想这事"。我们说一些人"思想深刻"，说另一些人"思想迟钝"。实际上，我们有时直接称知识分子为"思想家"（Thinker），就好像他们垄断了思维活动似的！在这里，思维活动的本质同样向我们提出了许多问题。主动思考某个话题到底包含了什么过程？思考过程有不同的类型吗？如果有的话，它们之间有什么关系呢？有什么准则可以指导思维活动吗？

　　我们无法回答上面提出的所有问题，但我们能开个头，着手解决这些问题。让我们先从思维的官能开始吧。

思维的官能

　　法国哲学家笛卡儿曾经说过，思维是"万能的工具，可以在各种情况下使用"。他这句话是什么意思？

让我们想一想,感知到一个苹果和仅仅想到苹果之间的区别。为了感知到一个苹果,你和苹果之间必须有某种直接的因果联系。照到苹果上的光线必须被苹果反射回来,然后被你的视觉系统捕捉和处理。相比之下,想到一个苹果并不需要这种直接的因果联系。人的知觉需要感觉器官直接接触物体,但思维不需要。此外,为了感知到一个物体,必须满足一些相当精确的环境条件。要想看到苹果从树上掉下来,那棵树必须在人的视线范围之内;要想听到苹果落地的声音,它发出的声音必须在人的听力范围之内。利用技术,我们在一定程度上可以克服这些限制,例如,镜子可以让我们看到身后的东西,麦克风让我们在远处也能听到声音。即使考虑了这些因素,知觉仍然在某种程度上依赖环境,但思维却不是这样。即使一个物体被雾气笼罩或者隐藏在隔音的房间里,我们仍然可以想到它。我们可以说:知觉与世界的联系方式是"接洽式的"和"依赖刺激的";而思维允许生物以一种"非接洽式的"和"不依赖刺激的"方式在大脑中呈现出外界事物。换句话说,知觉官能只在某些特定的情况下才能使用(当客体出现并且环境许可的情况下),而思维官能——正像笛卡儿说的那样——可以在"各种情况下"使用。

依靠思维的这种"非接洽式的"和"不依赖刺激的"运作方式,我们可以在不接触思维对象的情况下思考它。我们可以思考尚未发生的事,也可以思考永远不会发生的事;事实上,我们可以思考那些永远不可能发生的事。这种能力使我们可以在某些事情发生前预见其后果,并做好准备。如果预见的后果是积极的,那么可以采取措施促使它发生;如果预见的后果是消极的,那么可以采取措施防止它发生。因此,一个有思维官能的生物可以通过某种方式控制它的环境,而只依赖知觉的生物是做不到这一点的。

笛卡儿的描述中关于思维的第二个特点是它的覆盖范围。知觉只能让我们接触范围很小的事物,而思维的范围(实际上)是无限的。生物所能感知到的事物受限于它的感知官能。我们看不到太小的物体,听不到音调太高的声音,闻不到非常微弱的气味,但我们可以思考的东西却没有这些限制。我们可以思考那些在空间和时间上都远离我们的物体。事实上,我们可以思考一些原则上根本感知不到的东西,例如数字或者亚原子粒子。只要一个人有办法锁定某个对象,他就能够思考它。他需要的只是一个名字〔"成吉思汗"(Genghis Khan)、"布基纳法索"(Burkina Faso)〕或者一段描述("街角咖啡馆的那个咖啡师""最伟大的巴西球员"）而已。然后他就可以思考了。

既然思维的范围不受限制，就产生了一个特别重要的好处：它能允许我们发现各种事物属性。我们再拿这一点和知觉做个比较，会很有启发。你可以看到苹果是红色的，或者一侧有凹痕；但是，只有具有思维能力的生物才能知道苹果起源于西亚，知道苹果的基因组比人类的基因组数量还多。换句话说，思维能力使我们能够把握知觉能力把握不了的事物属性。一个只有知觉能力的生物，可以对周围环境的物理特性做出反应，但无法对经济、政治或者心理特性做出反应。它不能采取措施避免通货膨胀的影响，不能参加选举，也不能说服别人相信他们的观点是错误的。（从在头脑中呈现世界这一点来看，思维官能真的绝对没有限制吗？也许并不是这样——我们在最后一章会读到，思维能力可能也是有边界的。但是，从思考的内容所覆盖的范围上来讲，限制相对较少。）

笛卡儿的描述中关于思维的第三个特点是它的系统性、整体性和开放性。通过思考，一个人可以将事物的一种形态与另一种形态联系起来，从而抓住隐藏在事物表象之下的联系。我们来看医学史上一个著名的例子。匈牙利医生伊格纳兹·塞麦尔维斯[1]在维也纳一家医院工作时注意到，一个病房的产褥热发病率比另一个病房高得多。他还注意到，在发病率较高的病房工作的医学院学生总是刚上完尸体解剖课就来病房，而在另一个病房工作的学生则没有上解剖课。他猜测会不会是这些学生身上携带的某种"尸体物质"感染了产妇。为了验证这一假设，他要求医学院学生在检查产妇前用次氯酸钙洗手——当时已经知道，次氯酸钙可以除去解剖尸体后留下的气味。这样做以后，该病房产褥热的发病率、致死率急剧下降。塞麦尔维斯的研究奠定了细菌致病理论的基础，而这一研究要求他思考两件事：他不仅要发现一直被人忽视的医学院学生的活动与产褥热高发病率之间的联系，而且还要想出一种方法来测试他的假设。

医学史上的这桩逸事为我们提供了一个鲜明的例子，说明了思维的综合能力和创造力。其实，我们每天都在使用这些能力，例如：在预算有限的情况下策划一次海外度假，试图在繁忙的工作和抚养子女的挑战之间找到平衡，或者只是想找到从甲地到乙地的最佳路线。我们大多数人在一生中会花费大量时

1　塞麦尔维斯·伊格纳兹·菲利普（Semmelweis Ignaz Philipp，1818—1865），现代医院流行病学之父。

间思考各个事件之间的联系。事实上，思维的综合能力不仅体现在理论推理和实用推理上，也体现在幽默感上。要听懂一个笑话，通常需要明白一般情况下毫不相关的两个话题之间的内在联系。［例如：两条鱼在一个鱼缸（tank）里碰面了，一条问另一条："你是怎么开（drive）这玩意儿的？"[1]］

关于思维能力的系统性[2]，有一点非常重要，这就是：拥有某些类型的思维能力与拥有另外一些类型的思维能力密切相关。一个能想到张三比李四高的人应该也能想到李四比张三高（反之亦然）。这种能力可以解释为一种事实：思维的过程是复合结构化的。要想到张三比李四高这件事，你要能想到张三，能想到李四，还能想到"谁比谁更高"这种关系。但是，如果一个人能想到张三、李四和"谁比谁更高"这三件事，那他就不仅能想到张三比李四高，也能想到李四比张三高。思维的系统性是思维的一个非常重要的特征，它使理性成为可能。一个拥有相关概念的人可以推断出，如果张三比李四高，而李四又比王五高，那么张三也一定比王五高；人的知识储备就通

1　在英语里，tank（鱼缸）也有坦克的意思。in the tank，在鱼缸里；drive the tank，驾驶（开）坦克。

2　系统性（systematicity）是认知的一种属性。即如果具有某些认知能力，就意味着也具有其他的（在结构上相关的）认知能力。

过这种方式增加了。

我们看到,笛卡儿将思维描述为"万能的工具,可以在各种情况下使用",这句话抓住了思维能力的三个核心特征。第一,它说明思维可以在没有外界刺激,也不需要与外部环境有联系的情况下,在头脑中呈现思考对象。第二,它说明思维的范围无论在思考对象的数量上还是属性上(相对来讲)都是无限的。第三,它说明思维可以用一种结构化和开放式的方法来呈现人的外部世界,这种能力就是理性和洞察力的基础。

在继续后面的讨论之前,我们应该先认识到这一点:前面描述的思维能力只是一个理想化的模型,而生物想象世界的能力在某些方面可能达到理想化的程度,但在另一些方面可能就达不到。例如,一些生物可以在不接触思考对象的情况下想到它们,但只能想到很有限的几个属性;或者,有些生物可以通过类似的思维方式想象出不同的领域,但对于这些领域之间可能的联系却缺乏思考能力。对于这些情况我们应该怎么看待呢?

我认为应该这样说:一个生物只要能够以上面描述的那种方式想象世界,那么它就具有思维能力。也许,会思考的生物和不会思考的生物之间,并不存在清晰的界限;相反,我们应该认识到,可能有一些生物——比如幼童和非人类的动物——的表征能力（Representational Power）远远低于思维能力的"理想指标"，但有趣的是，它们在某种程度上也具有类似思维的能力。事实上，即使是完全具备思维能力的生物（比如人类），甚至是有资格被叫作思想家的人，也可能在某些方面达不到这些指标。这是因为：我们自己也并不总能保持理性，根据事实做出推断。

思维的类型

现在，我们把注意力从作为一种官能的思维转到作为一种特殊的心智事件或者心智状态的思维上来。究竟是什么使一个人的思想区别于其他的心智事件和心智状态呢？又是什么使一种思想区别于另一种思想呢？

假设你坐在一堆篝火的旁边，你能看到火花四溅，听到火焰咆哮。听和看当然是不同类型的知觉事件；不过，你也可能会思考篝火。你可能发现自己正在想，篝火是怎么燃烧起来的？如果风向突然变了，篝火会发生什么变化？这些思考是由你的知觉体验引发的，但它们本身并不是以知觉的形式出现的。同样，我们也可以比较思考行为和身体感觉的不同。篝火让人感到太热、不舒服是一回事，但"想到"篝火可能会让人感到太热、不舒服则是另一回事。进一步概括来说，我们必须区分出感觉到自己的身体和想到自己的身体这二者间的不同。局部麻醉让你感觉不到脚的存在，但不妨碍你想到自己的脚。

尽管思维不同于知觉状态和身体感觉，但思维与知觉状态、身体感觉之间有很多重要的联系。首先，知觉状态和身体感觉会触发某些思考。听到大街上的响声可能会让人吓一大跳，因为他可能会以为邻居们正在打架；胸口有异样的感觉可能会让人想到是不是心脏病犯了。这些感觉体验不仅让人产生各种想法，而且还会试图为这些想法提供证据。一个人可能为了证明邻居们正在打架而侧耳细听大街上的各种声音；同样，他可能也会为了证明自己心脏病犯了而指出自己胸口有异样的感觉。

尽管从直觉层面看，指出感觉状态（比如知觉和身体感觉）和思维之间的区别并不困难，但要对此做出清晰、严谨的表述却远没有那么简单。有些理论家声称，区分思维和感觉状态的方法就是：思维涉及概念调度，而感觉状态却没有这些。这就是说，尽管一个人可以在对猫没有概念的情况下，看到并认出一只猫，但他无法在对猫没有概念的情况下，想到一只猫。然而，以这种方式区分感觉状态和思维引起了很大争议。因为有很多理论家说，知觉也需要引入概念；不仅如此，事实已经证明，很难精确地定义什么是概念。

还有一些理论家建议，可以用"意识特征"（Conscious Character）这个概念来区分思维和感觉状态——当我们形容某件事"像什么/怎么样/是什么滋味"时，那就是一种心智状态。有些理论家声称，和感觉状态不同，思维并不带有任何意识特征。按照这种观点，看到彩虹或者听到钢琴声会让人产生一种独特的感受；但想到彩虹或者想到钢琴声却不会产生任何独特的感受。但还有一些理论家声称，思维其实有自己独特的感受，但它和体验知觉或者身体感觉时产生的感受有很大不同：感觉状态具有纯粹的"感觉特征"，而思维据说具有"体验式特征"，这种认知非常独特。（还有第三类理论家，他们发现，思维的意识特征讨论起来太过含糊、晦涩，根本说不清这些人是不是知道自己到底在争论些什么！）当然，对于是不是能通过诉诸意识特征来区分思维和感觉状态，这一点还没有形成共识。（你怎么看？当你谈到自己意识层面的某种想法时，有没有某种独特的感受？）总之，尽管我们似乎完全能区分得出哪些是知觉和感觉事件、哪些只是思维或想法，但对二者的区别到底是什么，还没有一个统一的定论。

让我们转到下一个问题：一种思想与另一种思想的区别是什么？我们可以从两个维度上对它们加以区分。一个维度关心的是，这个思想想的是什么。我们可能会想特定的实体——比如塞内加尔（The Republic of Senegal）、恺撒大帝（Julius Caesar），或者是数字"6"；我们还可能思考一类事物，比如拥有奇异动物的一类人，或者曾经在月球上行走的一类人；我们可能思考某种属性，比如身高6英尺[1]，或者比自己的弟弟妹妹岁数大；我们可能思考事物的状态，比如猫在垫子上，或者狗不在垫子上；我们可能思考各种可能性和必然性，比如"某件事本该是这样，却没有这样"，或者"某件事就是这样，也必然是这样"；我们还可能思考不存在的事物，比如宙斯或者福尔摩斯。

有两个术语可以指代思考的是什么：我们可以把它称为思考的"对象"（object），或者叫作思考的"内容"（content，这里的"内容"是"命题内容"[2]的意思）。这两个

---

1 1英尺＝0.3048米。——编者注
2 命题内容（Propositional Content）是指那些以命题为对象的内容，即这些内容本身就是命题。

术语都很有用，我们都会用到。

区分不同想法的第二个维度关心的是，产生这一想法的人对思考的对象或内容有什么"态度"（attitude）。我们以"早餐有没有咖啡"这个内容为例。一个人可能"相信"早餐有咖啡，另一个人可能"希望"早餐有咖啡，第三个人可能"计划"早餐有咖啡。"相信""希望""计划"，这三个词代表的都是人面对同一件事情时，可能采取的态度。〔在这里，有些作者会用"情绪"（mode）这个词来取代"态度"。〕

把这两个维度结合起来，就产生了关于思维的一个概念，也就是所谓的"命题态度"[1]。然而，尽管这个概念很有启发性，但如果我们用命题态度来区分不同的想法，则是不明智的。我们可以通过反思信念的本质，来弄清这其中的原因。首先，不妨问自己一个问题："安第斯山脉在哪个大陆？"现在，既然你向自己提出了这个问题，那我猜你现在正在想着安第斯山脉。但是，请想一想五分钟之前，你还没想到这个问题之前的心理状态。虽然你并没有想到安第斯山脉，但（我猜）你肯定相信安第斯山脉位于南美洲。（如果当时有人对你

1　命题态度（Propositional Attitude）是分析哲学用语，指说话者对他提出的命题所抱有的心理状态。由美国的皮尔斯和英国的罗素提出。

说，你相信安第斯山脉在南美洲，他们的话肯定是对的。）这说明，即使一个人没有正在思考这个问题，他也可以相信这个问题的答案。我们把这种非实时的心理状态称为"倾向性信念"[1]。事实上，我们的绝大部分信念都是"倾向性的"，因为在任何特定时间里，我们都只能考虑一小部分信念。这种关于信念的说法对其他类型的命题态度都同样适用，比如"希望"以及"计划"。一个人可以希望跑马拉松或者计划结婚，但在没有被问到这个问题的时候，他可能并没有在想这件事。

这一点如何影响了思维和命题态度之间的关系呢？它们的联系是这样的：虽然命题态度可以是倾向性的，但想法本身不可能是倾向性的。说一个人正在想着安第斯山脉，就是说这个人当前在意识层面正在处于与安第斯山脉这个话题有关的心智状态中；说一个人对安第斯山脉有某种信念、希望或是打算，并不意味着他处在上面那种状态中。我们可以说，"思想"这个词其实是专门用来表示当前正在展现的命题态度的。

---

1 倾向性信念（Dispositional Belief），该术语来源于《身体、情境与认知》（孟伟，中国社会科学出版社，2015年）。有些期刊也有翻译成"外在信念"的。"Dispositional Belief"是相对于"Occurrent Belief"（当前信念）而言的。"倾向性信念"指的是大脑当前没有思考到的一种信念，它与其他概念都存储在记忆中，能够被回忆出来，变成"当前信念"并得出结论。

思维的操练

我们已经讨论了作为一种特殊心智官能的思维以及作为一种特殊心智状态的思维，下面我们谈一下思维的第三个方面：作为心智活动的思维。换句话说就是，"思考"。

为了理解什么是思考，我们就需要理解各种思想是怎么关联到一起的。尽管想法可以单独出现——当你等红灯的时候，你可能会突然想到"友谊是一种基本的善行"——但更常见的情况可能是，每个想法都作为一连串想法中的一个组件，在这个思想"串列"中以某种方式连接在一起。

这些"串列"中的思想有两种连接方式。在有些思想"串列"中，只有"关联"这种连接方式。正如苏格兰哲学家大卫·休谟[1]观察到的那样，"思想通过某种方法和规律，一种想法引出另一种想法，彼此相互关联"[2]。休谟接着列举了一些关联的方法，阐述如何用想法"引出"想法，比如一个想法

1　大卫·休谟（David Hume，1711—1776），苏格兰不可知论哲学家、经济学家、历史学家，被视为苏格兰启蒙运动以及西方哲学历史中最重要的人物之一。

2　这句话出自休谟的《人类理解研究》（*An Enquiry Concerning Human Understanding*）。

的客体可能和另一个想法的客体有相似之处。休谟拿自己的体会为例,说有时想到一幅画,接着会想起画中描绘的物体。关联思维(Associative Thinking)类似于白日梦以及各种类型的幻想:起初是冒出一个念头,好奇从小说改编过来的电影会不会和小说一样好看,这个念头会让人继而想到最近有什么新电影,然后又会想到今天是星期几,再然后又想到今天还有件事必须完成,诸如此类。

与关联思维相反,思想串列还有另一种连接方式,就是"推断"。试想下列这些想法:"苏格拉底是人""所有的人都会死""苏格拉底会死"。这个思想串列上的几个组件是以推断的方式连接在一起的:如果第一个想法为真,那么第三个想法也一定为真。再举另外一个例子。试想这些想法:"邮件通常是在上午9点之前投递""现在是上午9点半了""邮件已经投递了"。这一思想串列的连接方式也是推断,前两个想法为第三个想法提供了理由。这两个推断思想串列和关联思想串列不同:关联思想串列让你在想到墓地的时候联想到死亡;而推断思想串列让你在读到报纸上一则探讨邮政罢工可能性的文章后,想到今天的邮件是否已经投递了。

由于关联思想串列和推断思想串列二者的差别,在不同情况下采取不同的思维策略就显得至关重要。比如，为了给被告定罪，原告律师可以采用两种策略。一种策略是引导陪审团成员产生一个思想串列，从案件列举的各种事实（尸体的位置、现场的指纹）出发开始思考，通过逻辑关系和证据关系，"推断"出被告有罪。律师还可能采用另一种策略（这种策略饱受诟病），怂恿陪审团成员产生一个思想串列，以"关联"的方式把指控和定罪联系起来。例如，律师可能会指出，被告长得很像一名臭名昭著的罪犯。这让陪审团成员产生关联思考，自然而然地"引出"被告有罪的念头。

虽然借助"关联思维"天马行空是件很有意思的事，但思维的力量在于它赋予我们能力去追踪各种想法之间的逻辑关系和证据关系。事实上，当我们谈到"思考"时，主要谈的就是追踪这类关系的活动。正是依靠这种发现各种想法之间推断关系的能力，侦探才能破案，科学家才能验证假说，数独爱好者才能解出谜题。思维活动的大部分价值就在于我们能把各种想法组织成条理分明的思想串列，让我们"看出"是什么引出了什么。换句话说，我们对思考的主要兴趣集中在"推理"上。

心理学研究表明，推理有两种形式。有些推理依靠直觉，是自动完成的；而另一些推理需要在受控的情况下，通过反思完成。（这种区别通常称为"系统1推理"和"系统2推理"的区别。）自动推理速度很快，而且大部分是无意识的；受控推理速度慢，而且通常是在意识控制下进行的。但自动推理和受控推理并不是非此即彼，它们是一个连续统一体（Continuum）的两个端点；实际上，很多推理过程都是介于"完全的自动推理"和"完全的受控推理"之间的。

　　这两种推理模式之间最鲜明的对比表现在认知错觉上，在这种情况下，我们凭直觉、自发做出的判断，与那些经过考虑、反思后的判断不一样。在对认知错觉的广泛研究中，其中一项涉及心理学家彼得·沃森（Peter Wason）在20世纪60年代提出的一个任务，这个任务现在被称为"沃森选择任务"（Wason selection task）。假设你面前有四张卡片（参见图1），有人告诉你，所有卡片中，每张卡片都是一面是数字，另一面是字母。然后他们要求你检查这些卡片是否符合以下规则：

　　规则：如果卡片的一面是S，那么它的另一面必须是3。

　　问题：现在知道，所有卡片中，每张卡片的一面是字母,另一面是数字;那么,你必须翻开哪张(或哪几张)卡片才能确定规则没有被违反?

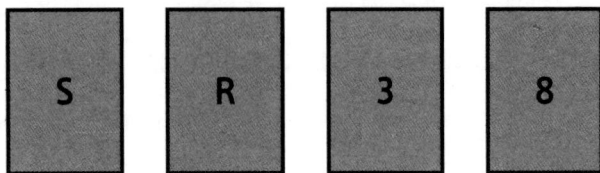

图1 沃森选择任务

我猜测,你从直觉上觉得翻开第一张和第三张卡片就可以了。这个回答正确吗?确实,你必须翻开第一张卡片,因为如果卡片背面不是3,那么就违反了规则。你需要翻开第二张卡片吗?不需要,因为卡片背面的数字是不是3无关紧要。但你也不需要翻开第三张卡片,因为不管这张卡片的背面是不是S,都没有违反规则。(这张卡片的背面是R也没关系,因为规则只规定,如果一张卡片的一面是S,那么另一面是3。)然而,你还需要翻开第四张卡片,因为如果它的背面是S,那么就违反了规则。

"沃森选择任务"证明了直觉推理和反思推理之间的差别;当你认真思考后,就会发现自己的直觉反应是错的。但令人惊讶的是,即使一个人在有意识地重新思考了这个问题之后，他似乎仍然忍不住想坚持自己的直觉反应。正如缪勒-莱尔（Müller-Lyer）的错觉线段[1]那样，即使你知道它们一样长，你也会觉得它们不一样长。同样，在这个例子里，即使你知道正确答案，你也会觉得只要翻开第一张和第三张卡片就够了。

许多其他物种也有这种自动的、依靠直觉的推理能力，但受控的和反思性的推理能力似乎是人类独有的。因此，我们就有能力（尽管可能很有限）去培养和塑造它。从更宏观的角度讲，我们不光要思考我们是如何思考的，而且还要思考我们应该如何思考。我们的思维模式虽然受到了进化和社会传统的限制，但是，通过对思维的思考，我们有能力发展出新的、更好的思维模式。

那么，我们应该去哪里找到可以评估和规范思维模式的指导原则呢？许多理论家建议，我们应该从逻辑学和概率论的形式系统[2]中去寻找答案。但是，尽管逻辑学和概率论为我

---

1 "缪勒-莱尔错觉"是长度错觉的一种，是1889年由德国生理学家缪勒-莱尔（1857—1916）提出的。即两条原本等长的线条因两端箭头的朝向不同，而看起来箭头朝内的线条比箭头朝外的线条要短些。
2 在逻辑学与数学中，一个形式系统是由两个部分组成的，一个形式语言加上一个推理规则或转换规则的集合。一个形式系统也许是纯粹抽象地制定出来，只是为了研究其自身；也可能是为了描述真实现象或客观现实的领域而设计的。

们提供了一些应该如何思考的建议，但令人惊讶的是，它们在这方面的用处很有限。首先，逻辑学和概率论最多只能告诉一个人不该怎么想，却不能告诉一个人应该怎么想。让我来告诉你为什么。假设，你相信所有的鸭子都会游泳，你也相信唐老鸭是一只鸭子；那么，如果所有的鸭子都会游泳，而唐老鸭是一只鸭子，则唐老鸭一定也会游泳。但这意味着你应该相信唐老鸭会游泳吗？不一定，因为有人可能已经向你提供了有力证据，证明唐老鸭不会游泳。那么你应该怎么做？也许你不应该相信所有鸭子都会游泳；或者，也许你不应该相信唐老鸭是一只鸭子。（唐老鸭可能看起来像只鸭子，但不是所有看起来像只鸭子的东西都是鸭子。）又或者，也许你应该怀疑，唐老鸭不会游泳的证据是否像它看起来的那样有力。单凭逻辑并不能表明一个人应该做什么。根据具体情况，这些回应中的任何一个都可能是对的。但逻辑只能告诉你："所有的鸭子都会游泳""唐老鸭是一只鸭子""唐老鸭不会游泳"这三件事不可能都是真的。

逻辑学和概率论的第二个局限性是：这两门学科都没有考虑到我们在进行思考时必然会受到的限制。思考总是在特定的环境中进行。思考方法是不是合适，取决于相关情境产生的约束条件。其中一类约束条件就是人所处的环境。在某些环境下，一个人有充分的时间翻来覆去地思考一个问题，得到正确答案比快速得到答案更重要。（比如一个工程师，需要确定建筑物的地基必须有多深。）在另一些环境下，时间就是生命，迅速得出大致正确的判断比太晚得出的、毫无用处的或完美无缺的判断要好。（比如一个飞行员正在找出飞机发动机故障的原因。）

另一类约束条件与思考者自己的心理特征有关。思考者的认知能力各不相同，想问题的方式是否精彩、是否有效，取决于这些能力的水平比较结果。举例来说，对一个六岁孩子而言，能完成某种推理过程是非同寻常的，但对成年人而言可能就是非常容易的了。还有一个很好的例子同样提醒我们要记住这些约束条件，它就是人们经常说的，一个人不能前后不一，自相矛盾。从表面上看，这条禁令没有问题，因为前后不一致的主张不可能都是正确的。但是为了遵守这条禁令，人必须借助某种手段搜索自己的信念"仓库"，以便检查它们之间是否不一致。我们拥有极其复杂的信念结构，但对这些信念的处理能力却非常有限；所以，这种检索工作对人类而言其实是一项非常艰巨的任务。

因此，任何关于思维规范的理论都必须考虑思考者所处的环境以及他们自身的认知能力。逻辑学和概率论处理得最多的是"无限理性"（Unbounded Rationality）的问题，即，拥有无限的时间和无限计算能力的生物所具有的理性。而我们需要在有时间限制的压力下，在有限的计算能力下进行推理。笛卡儿所谓的《指导心灵的规则》[1]，应该利用逻辑学和概率论探索的形式结构，但也必须同时考虑到我们作为有限生物的能力。换句话说，任何合格的、关于我们应该如何思考的理论必须建立在我们能够如何思考的理论之上。

---

1 《指导心灵的规则》（*Rules for the Direction of the Mind*），是笛卡儿在1628年之前开始动笔写的关于科学或哲学方法的一个专题，但最后未写完。这一纲领对他日后的数学、科学和哲学贡献有重大影响。

第二章

机器有思维能力吗？

　　正如人的脚有肌肉可以行走那样，人脑也有肌肉
可以用来思考。

　　　　　　　　　　　　——拉·梅特里[1]《人是机器》

　　怎样才能拥有思维能力？有人说，拥有思维能力需要某
种非物质媒介——比如灵魂，或者非物质的心灵。虽然这可
能是关于思维能力惯常的看法，但在当代科学或哲学中，很少
有人主张这种观点。大多数当代理论学家赞同物理主义对思
维能力的解释；根据这种解释，完全由物质实体组成的生物
就可以拥有思维能力。无论我们自己是否完全由物质实体组
成，但作为拥有思维能力的生物，我们无法从自身的天性中

1　朱利安·奥夫鲁瓦·德·拉·梅特里（Julien Offray De La Mettrie，
1709—1751），法国启蒙思想家、哲学家。

举出相反的证据。

接受物理主义的解释一般有三个理由。第一，它能够解释大脑状态和思维状态之间的相关性。我们知道，无论是摄入咖啡因导致大脑状态发生相对轻微的变化，还是中风或其他形式的脑损伤导致大脑状态发生更为剧烈的变化，大脑状态与我们的思维能力都息息相关。科学家们从这种相关性入手，通过测量一个人的大脑状态来发现他的想法。我们在下一章将会谈到这一点。对于这种相关性，最简单的解释就是：思维状态就是大脑状态，或者至少是由大脑状态实现的。

接受物理主义解释的第二个理由是：它可以解释思维引起的因果变化。思维是由物理事件引起的，反过来还会引发物理事件。当人影投射到某人的视网膜上时，他会相信有人走进了房间，而这个想法又会让他伸出手来打招呼。把思想看作一种物理状态，这为研究思维引起的因果变化提供了基础。而如果把它看作在非物质媒介中实现的，那么就说不清楚思维是如何与物理事件相互作用的了。

接受物理主义解释的第三个理由是：它符合自然界发展的连续性。我们知道，拥有思维能力的生物是从缺乏这种能力的生物进化而来的，而缺乏这种能力的生物是完全由物质实体组成的。尽管不能排除进化过程中出现了某种非物质媒介的可能性，但是，正如我们说生物是从非生物系统中进化而来的一样，更有说服力的解释肯定是，假设具有思维能力的生物是从完全的物质系统中进化而来的。

所以，我们有三个很好的理由接受物理主义对思维能力的解释。虽然这些理由没有一个是决定性的，但综合起来就形成了一套强有力的解释体系，值得我们认真对待关于思维能力的物理主义解释。

思维的计算理论

要接受思维能力的物理主义解释，认定它是一种纯粹的物理现象是一回事，要能解释它为什么可以是一种纯粹的物理现象则是另一回事。尽管有多种形式，但其实只有一种理论可以解释为什么在纯粹的物理系统中可以实现思维功能。这个理论在不同的应用中被冠以各种名称——"心智表征理论""心智计算模型""符号系统假说"——但我会把它称为"思维的计算理论"（Computational Theory of Thought，CTT）。

为了讲解CTT，我们必须首先引入一些术语。让我们从形式属性（Formal Property）——或者叫语法属性——这个概念开始吧。形式属性是指一个符号凭借它的形式本身所具有的属性。这是一个由纯粹的物理系统就可以感知的属性。有些形式属性我们非常熟悉，例如：形状属性。看看"monkey"这个词的不同书写格式：

monkey　MONKEY　Monkey

尽管这三种不同书写格式的"monkey"看上去很不同，但每种书写格式都是同一个英语符号的可识别的实例。这三个单词的书写格式虽然不同，但它们都可以代表英语单词"monkey"。我们识别文字使用的是形状属性，识别口语使用的是声音属性，识别手语使用的是运动属性，但对于什么样的物理属性可以作为形式属性，原则上没有限制。我们甚至可以设计一套表征系统，把电荷、温度或者质量作为形式属性，用它们把一种符号与另一种符号区别开来。

一个符号的形式属性与它的语义属性（Semantic Property）——或者叫内容属性（Contentful Property）——完全不同。语义属性反映的是这个符号指代或者表示的东西（对象、属性、关系）。（实际情况其实还要复杂一些，因为我们要允许一个符号具有不同的语义属性，甚至在指代同一个对象时也是如此。但在这里我们先不用考虑这种复杂性。）在英语中，"monkey"和"banana"这两个符号的内容分别代表"猴子"和"香蕉"，它们是这两个符号指代的对象。注意，两个符号可以有不同的形式属性，但内容相同。例如，英语单词"monkey"和法语单词"singe"的意思都是猴子，但它们的形式属性不同，因为它们的"形状"不同。

术语就说到这里。那么，CTT到底要阐述什么呢？我们可以把CTT看成由两个论断组成：一个论断是关于思想的本质，另一个论断则是关于思考的本质。简单来说，CTT认为思想是"思维语言"中的句子；而思考则是基于思想的形式属性，在思维语言中进行句子转换。我们来详细解释一下这两个论断。

我们说思想是思维语言中的句子，这是什么意思呢？以下面这个想法为例：张三有一只猴子。"张三有一只猴子"这句话是由语言符号构成的，这些符号有特定的内容——"张三"这个词指代张三，"猴子"这个词指代猴子；同样，提出思维语言这个概念的人认为，"张三有一只猴子"这个想法也包含了其他具有特定内容的符号。当你想到"张三有一只猴子"的时候，你使用了一些心智符号，分别指代张三、猴子和谁拥有谁的关系。这些心智符号结合在一起，构成了一个表征结构，它的内容就是"张三有一只猴子"。

从"思维语言"这一短语可以看出，支持这个观点的人认为，思想的复合结构必须模仿语言的复合结构。然而，尽管思维语言假说最有影响力的倡导者、美国哲学家杰瑞·福多[1]确信，思想的结构应该和语言类似，但你可以在不接受这个观点的前提下接受CTT。你可以认为思想结构更像地图或者图表，而不是语言。换句话说，提倡CTT的人可能会建议，对"思维语言"这种提法应该持保留态度。CTT只要求我们理解，思想具有复合结构；在这种结构下，一个思想的各个部分都会对它的意义做出各自的贡献。

刚才说的这些，构成了思维的计算理论的核心内容。但在我们研究思考过程之前，还有一个要点必须提及。正如我们在上一章指出的那样，一个想法除了内容，还有态度（或者情绪）。李四可能相信张三有一只猴子，王五可能觉得张三有一只猴子，赵六可能希望张三有一只猴子。所以，CTT需要解释，为什么一个特定的符号结构表达的是"相信"，而不是

---

1 杰瑞·艾伦·福多（Jerry Alan Fodor, 1935—2017），美国哲学家、认知科学家。

"觉得"或者"希望"。对这个问题最流行的解释是说，一个想法的态度构件和这个想法所起的作用有关——它与其他符号结构相结合，指导具有这种想法的实体做出行动。一个"相信"张三有一只猴子的人，他的行动和"觉得"或者"希望"张三有一只猴子的人不同；而造成他采取不同行动的，是他"相信"（而不是"觉得"或者"希望"）张三有一只猴子。

现在，让我们来看看CTT对于思考的本质是如何解释的。前面说，思考是基于形式属性，在思维语言中进行句子转换。这句话是什么意思？假设我有两个想法，"所有人都会死"以及"张三是一个人"，那么这两个想法会使我形成了一个新想法："张三会死。"CTT通过与这些想法相关的心智符号（或者更准确地说是：符号复合体）的形式属性，来解释这些想法间的转换。如果我们有一台机器可以感知这些属性，那么它就可能带领我们从最初的两个想法得到第三个想法；在这个过程中，它可以完全不知道这些想法的意思（也就是它们的语义）。这就是说，这台思维机器运行起来其实和邮局的自动地址阅读器大致相同。尽管阅读器对于谁是李四、谁是王五一无所知，但它能够保证他们收到邮件，因为它能够感知"李四"和"王五"在形式属性（或者语法属性）上的差异。正如哲学家约翰·豪格兰[1]指出的那样："如果你处理好语法，语义就会自行处理和运作。"这句话令人印象深刻。

这就是思维的计算理论的大致内容。简单来讲，思想是一系列心智符号结构，而思考基于心智符号的形式属性来操作这些结构。当然，我们并不清楚思考是否和符号操作一样，但思维的计算理论并没有对思考的感受做出任何论断（我们在前一章中已经说过，人们对于思考的感受——如果真有感受的话——到底是什么，几乎没有一致的看法）。确切地说，思维的计算理论关注的只是，完全由物质实体组成的生物是如何具有思维能力的。

在"中文房间"里

尽管思维的计算理论的影响力很大，但它也并非没有批评者。事实上，这些批评可以追溯到17世纪的哲学家戈特弗里

---

1 约翰·豪格兰（John Haugeland，1945—2010），美国哲学教授，专攻精神哲学、认知科学和现象学。

德·莱布尼茨[1]。他认为，不可能用纯粹的机械术语解释思维能力。他说："一个有感知能力或者可以思考的存在，不可能是钟表或者磨面机那样的机械装置：很难想象，大小不同、形状各异、运动轨迹不同的部件以机械方式结合在一起，可以产生某种具有思维能力的东西。"

莱布尼茨在这方面的学术遗产继承人是哲学家约翰·塞尔[2]，他为了反驳思维的计算理论，提出了"中文房间"（Chinese room）这个思想实验，影响深远。塞尔让你想象自己身处一个房间里，这个房间会收到中文信息。（出于实验目的，塞尔假设你并不懂中文，因此，这些信息对你来讲毫无意义。懂中文的读者可以用类似的方式适当修改这个设定。）尽管你不理解这些信息，但你可以查询一张巨大的表格，里面列出了对应每条信息相应的回答。例如，如果你收到的中文信息是："猴子吃什么？"通过查询表格，你会得到一个中文回

1　戈特弗里德·威廉·莱布尼茨（Gottfried Wilhelm Leibniz，1646—1716），德国哲学家、数学家，历史上少见的通才，被誉为"17世纪的亚里士多德"。
2　约翰·罗杰斯·塞尔（John Rogers Searle，1932— ），美国哲学家，主要研究语言的"目的性"，不同意"强人工智能"的提法，认为感知源于一个生物的整体物理特性，人的意识是有目的性的，而电脑没有目的性，因此电脑没有意识。

答——"香蕉"或其他适合的回答。

塞尔声称，尽管在"中文房间"里的人能够以适当的方式操作这些符号，但他并没有进行思考。塞尔说："这表明，仅仅能够操作符号还不足以说明对方具有思维能力——进行真正的思考需要更多的东西。但既然思维的计算理论将思维能力等同于符号操作，那么它肯定是错的。"（塞尔自己对思维能力应该包含什么也有解释，但实在有些晦涩难懂，我们就不在这里讨论了。）

人们对塞尔提出的这个"中文房间"的思想实验反应不一。总的来说，这些反应分为两种：一些人质疑，认为塞尔假设的"中文房间"里发生的就是思维；另一些人则认为，尽管"中文房间"里的人可能缺少思维能力，但这和思维的计算理论说的思维能力有很大不同，不能类比。因此，完全可以接受思维的计算理论，而不必承认"中文房间"里的人有思维能力。让我们依次考察这两种反应。

有没有理由同意塞尔的假设，认为在"中文房间"里并没有发生真正的思维，只是符号操作？批评者可能会说，我们在直觉上认为"中文房间"这个场景没有体现思维能力，是因为我们的关注点错了。我们很自然地把自己想象成在"中文房间"里的那个人——我们摆弄那些花里胡哨的符号，并不知道它们的意思是什么。但是，塞尔观点的反对者说：思维的计算理论从来没说过要有个"小矮人"（也就是假设中的"小人"）能够理解它所操作的符号。相反，思维的计算理论的核心思想是：对符号的操作完全基于符号的形式属性——这个理论的全部重点是：不需要理解这些符号，就能操作这些符号。（如果事实证明一个人需要通过思考才能操作思维语言中的符号，那么思维的计算理论反而很难声称自己解释了什么是思考。）如果要寻找思维能力，合适的对象不是在"中文房间"里的人，而是作为一个整体的"中文房间"。就我们目前看到的而言，没有理由否认作为整体的这个系统具有思维能力。（基于这个原因，对"中文房间"给出的答复通常被称为"系统回复"。）

如果在"中文房间"里的人——或者更准确地说——作为一个整体的"中文房间"能够通过图灵测试（The Turing test），那么这个系统回复就会更有说服力。图灵测试是艾伦·图灵[1]提出的，他建议这个测试应该成为判断是否具有思

---

1 艾伦·麦席森·图灵（Alan Mathison Turing, 1912—1954），英国数学家、逻辑学家，被称为"计算机科学之父""人工智能之父"。

维能力的充分条件。（图灵并没有建议这个测试成为具有思维能力的必要条件。）大致来说，图灵测试是这样进行的。假设有两个房间，其中一个房间里有一位正常人，另一个房间里有一个"对象"——我们要测试这个对象是否具有思维能力。两个房间都通过通信管道与一个询问者相连，询问者的任务是识别哪个房间里是正常人，哪个房间里是"对象"。询问者可以向两边提出任何类型的问题。如果经过长时间的询问，询问者不能确定"对象"在哪个房间，那么这个"对象"就通过了图灵测试。

"中文房间"里的人能通过图灵测试吗？也许不能——至少在要求必须"实时"回答询问者的问题时不能。首先一点就是，通过查询表格完成一场标准对话需要极其强大的计算能力，我们很可能无法搭建出一间回答速度赶得上普通人水平的"中文房间"。但是，如果我们放弃实时回答的要求，那么似乎没有任何理由说，在"中文房间"里的人通不过图灵测试——毕竟，查询表格的这个设计正是为了完成这项任务。

但是，我们是否应该认为，通过了图灵测试的实体就具有思维能力呢？我不这么认为。事实上，许多理论家都认为图灵测试太弱了，还需要"别的东西"来验证是否具有思维能力。

我们可以将"中文房间"的结构和思维的计算理论对于思维能力的解释进行类比，通过考察二者之间的不同，来说明这些"别的东西"可能是什么。

"中文房间"的核心特点是要查询表格，给出回答。正因如此，这个系统的输出方式没有实质性的结构。假设在"中文房间"里的人（我们叫他麦克斯）看到两个中文问题："人们经常用什么动物驮重物"以及"什么动物是非洲野驴的后代"。麦克斯会通过查询表格来回答这两个问题。他发现在这两种情况下，都会得到一个汉字：驴。但这个查询过程没有考虑到的是，这两个句子里包含了同一个概念，也就是"驴"这个概念。而思考需要做的是：去领会构成一个想法的每个概念对这个想法的不同贡献。为了能真正领会这两个想法——"驴是用来驮重物的"以及"驴是非洲野驴的后代"，人必须认识到，这两个想法都有一个共同的主语，就是：驴。

但在"中文房间"里的人并不会认识到这件事——或者其他任何事。无论是麦克斯还是他所在的系统都不需要说明——哪怕只是暗示——上面这两种想法都是关于驴的。换句话说，查询表格的操作完全是在非复合结构的思路上运转的；相反，真正的思想则是复合结构化的。而思维的计算理论则满足这一点。思维语言中的各种句子里都有共同的要素。正是由于这个事实，真正具有思维能力的实体能够理解以前从未遇到过的句子，比如："猴子很少骑独轮车。"与此相反，依赖查询表格获得答案的生物，它们知道的东西仅限于这个表格，并且无法理解异常输入。

当然，我们可以修改"中文房间"的设定，让麦克斯基于下面这个事实来回答问题："猴子喜欢吃香蕉"和"猴子生活在树上"具有同一个成分——"猴子"。但是，如果我们做了这样的修改，也就无法说得清这个"中文房间"是不是的确没有真正的思维能力了。（同样，我们也不需要假设麦克斯理解这些符号的意思——理解这些符号是系统层面上的事。）这样一来，我们就在"中文房间"里设立了一些倾向设置；这在某种程度上也体现了一个事实，即，思维是一种"万能的工具，可以在各种情况下使用"。

思考的内容是如何扎根的

　　思维的计算理论还面临另一个重要挑战：它要解释清楚，思维语言中的符号是如何捕获思考的内容的？也就是说，思维究竟是如何在大脑中扎根的？为什么"猴子"这个心智符号代表猴子，而不是（比如说）蛋白酥饼、轻便摩托车或者有袋类动物呢？

　　其中一种解释借鉴了自然语言的特点。假设一个人的思维媒介仅仅是他的母语；基于这个假设，如果你的母语碰巧是波兰语，那么你的思维媒介就是波兰语。根据这一版本的思维的计算理论，思维语言中的符号获得思维内容的方式，就如同自然语言中的符号获得它们内容的方式一样——也就是说，要听到特定的声音、看到写在纸上的特定记号和做出特定的动作。那么自然语言中的符号是如何获得这些内容的呢？答案是：通过约定俗成的惯例。例如，在英语中，按照惯例，"monkey"指代的是猴子。当然，并没有什么约定俗成的惯例像用"monkey"指代猴子那样，有某个特定的大脑状态指代猴子。这里说的是，思维采用的是内在言语（或者内在文字、内在手势）的形式，思维的运转机制就是适应人们所说

（或者所写、用手势所表达）的特定语言中的惯例。

上面这个对思考内容如何扎根问题的解释，拥护者相对较少。尽管许多理论家也同意，在某类思想中包含了内化的自然语言，但人们普遍——至少在很大程度上——认为，构成思维语言的符号并非源于自然语言。这种观点认为，我们思考的时候使用的并不是中文或者葡萄牙语，而是"思维语言"（Mentalese）。持这种观点的人有两个主要理由：我们将在第四章看到，有证据表明，没有语言的生物也能够进行某种类型的思考。如果是这样，那么生物的思维语言就不可能和它的自然语言相同。认为思维语言不是自然语言的第二个理由是，你必须先有某种思维能力，才能够学习自然语言中的惯例。这两个理由都不是毫无争议的，但二者结合在一起说服了很多理论家。他们认为，即使很多特殊的人类思维可以被编码成自然语言，但是，肯定存在一种独立于自然语言的、更底层的"思维语言"。果真如此的话，那思维语言中的符号就不能像自然语言中的符号那样，通过约定俗成的惯例来获得内容了。但是，如果思维的内容不是基于惯例获得的，那又是基于什么呢？

有些人可能会说，思考内容的获得并不依赖任何东西，心智符号的含义是它最原始、最本质的属性。这种解释可能会解决(或者"消解")思维的扎根问题,但不幸的是,拥护这种观点的人很少。按照这种说法,关于英语中"monkey"这个词指代的是猴子,而不是其他类型的对象这一点,就没有了天然的合理性;同样,我们很难看出,为什么在思维语言中,大脑状态产生的代表猴子的心智符号,应该与猴子而不是与其他某个类型的对象关联起来。这样一来,我们对心智符号如何获得思考内容的唯一合理解释,就必须诉诸大脑状态的关系特征(Relational Features)才行。但是,什么样的关系特征可以扎根思考的内容呢?

历史上,有许多理论家认为,也许可以用相似性(Resemblance)来解释心智符号是如何获得思考内容的。英国的经验主义者(Empiricist)基本上用这一观点来解释心智如何表征世界的理论(比如约翰·洛克[1]和大卫·休谟)。在经验主义者的术语中,思维语言中的心智符号叫作"观念"(idea)。一个"观念"之所以指代这个内容,是因为它和这个内容相似。简单来讲,猴子的观念之所以指代猴子,是因为它和猴子相似。

1　约翰·洛克(John Locke,1632—1704),英国哲学家、医生,被广泛认为是最有影响力的启蒙思想家之一,被誉为"自由主义之父"。

然而，这种解释存在严重的问题。首先，"相似"这种说法太不严谨了，任何大脑状态都可以和很多个对象相似。我大脑的某些状态会和你大脑的某些状态相似，但我的大脑状态肯定不能代表你的大脑状态。为了表现说服力，主张这种解释的人必须指出哪种类型的相似性赋予了心智符号内容，而这一点已经被证明是很难做到的。其次，我们可以思考各种和任何大脑状态都不相似的事物。在什么意义上，代表"美丽""真实""正义"的心智符号可能和美丽、真实以及正义的属性相似？最后，或许也是最根本的一点，我们根本不清楚为什么仅仅凭借相似性，就可以解释一个心智符号具有它现在的意义。即使一种大脑状态（在某种相关的意义上）碰巧与世界上的某一属性相似，为什么仅凭这个事实，这种大脑状态就要代表世界上的这个属性？这完全说不通。

对于思考内容如何扎根这个问题，另一个更为可能的解释是诉诸因果关系（Causal Relation）。这个解释大致说来就是，心智符号意味着（或者指代了）激活它的那个对象或者属性。如果碰到猴子，一个心智符号就会被激活，那么这个心智符号的内容就是猴子。用一句话来说就是，如果一个特殊的符号被"设定为"能被猴子"激活"，那么它的内容就是

"猴子"。

虽然这种解释比相似性的解释更有说服力，但也并非没有问题。其中有些问题和相似性的问题一样。例如，它同样解释不了我们是如何思考抽象属性的，比如"美丽""真实""正义"。主张因果理论的人需要说明这些抽象属性是如何引起因果关系的，而我们很难看出，这种解释会是什么。对于不存在的物体（比如宙斯或者福尔摩斯）也存在同样的挑战，因为不存在的物体不会引起因果关系。（事实上，这个问题的提法还有另一个版本：针对将要存在而现在还不存在的物体——比如明天的报纸——不会引起因果关系。）主张因果理论的人需要在更基本的层面上解释，我们为什么能思考那些不能引起因果关系的思考对象。有些解释可能是可行的，但到底哪种解释最终会胜出，目前还不清楚。

在面对可以引起因果关系的思考对象时，因果解释也面临问题。其中一个问题是出现错误表征（Misrepresentation）的可能性。我们必须考虑这种可能性，比如，一个人可能把熊误认为猴子。但如果真存在这种可能性，那么因果解释就可能会错误地认为，猴子这个心智符号指代了"猴子或者长得像猴子的熊"，而不是"猴子"。因为这个心智符号不仅被设定为能被猴子激活,也可以被长得像猴子的熊激活。(别忘了:在因果解释中,一个心智符号的内容仅仅是激活它的东西,所以这个符号会被猴子和长得像猴子的熊激活。)但这并不是我们想要的结果;相反,我们希望能够说,这个人把巧妙伪装的熊错误地当成了猴子。这就是所谓的"析取问题"(Disjunction problem)。这个问题的根源在于因果解释,因为因果解释意味着"猴子"可以指代"猴子或者X";而任何X都毫无疑问是错的。对析取问题的解释超出了本章的范围,对因果解释造成的其他问题的解释也超出了本章的范围,我希望你自己去探索这些有趣的问题。一言以蔽之,对于思维语言中的符号是如何获得思考内容的问题,目前还没有一个合理的解释。

我写这一章的目的是介绍思维的计算理论,并考察(尽管只是简要地考察)这个理论面临的几个主要挑战。然而,我们并没有过多地谈论有什么理论可以替代它。在本章结束之前,让我们来讨论一下,在纯粹的物理系统中实现思维功能,还可能有什么其他方式。

关于在纯粹的物理系统中实现思维功能这一话题,占据统治地位的理论就是思维的计算理论;尽管如此,依然存在相当有影响力的声音在质疑这一理论。有人质疑,思想的复合结构本身是否必须和它的基础，也就是神经功能的过程一一对应。有些人认为，也许思维的系统性来自本质上非结构性的神经功能的过程。哲学家路德维希·维特根斯坦[1]抓住了这一说法的精髓，他问道："为什么这个体系要继续朝着中心化的方向发展？为什么不能（打个比方）从混乱中得到这种秩序呢？"

维特根斯坦这句话的精神实质，促成了一些当代的思维理论。它们主张用动态系统理论以及某些类型的联结主义（Connectionist）网络来解释思维功能。这些理论也都是物理主义的，它们都没有引入非物质的思维中介。但它们和CTT不同，它们并没有假设神经系统产生的思维和神经系统的过程之间必须在结构上具有某种同质性。用维特根斯坦的术语来说，他们认为思维的秩序是从"神经元的混沌"（Neuronal chaos）中产生的。虽然只有很少的理论家认可这一观点，但他们代表的是对思维的计算理论的重大挑战。这些理论是否能取代我们今天在这里谈论的思维的计算理论，还需要时间来检验。

1　路德维希·约瑟夫·约翰·维特根斯坦（Ludwig Josef Johann Wittgenstein，1889—1951），20世纪最有影响力的哲学家之一，其研究领域主要在数学哲学、精神哲学和语言哲学等方面。

第三章

大脑解码技术与读心术

如同一把古老的小提琴

奏出的音符，

思绪在我脑海中浅吟低唱，

就在那间密室之中。

——西格夫里·萨松《古老的音乐》，

收录于《反思韵律》（*Rhymed Ruminations*）

在希腊神话中，据说嘲弄和指责之神摩莫斯（Momus）曾对人类表达过不满，认为人类的心思无法轻易识别。于是摩莫斯建议，人类应该在心口开个天窗，这样就能方便看出每个人的思想状态了。这种认为人可以把想法深埋在心底的观点，对我们而言并不陌生。当我们和非人类的动物，或者和文化完全异于我们的人打交道时，我们常常会因为不知道对方在想什么而深感不安；但同时，当我们和自己最亲密的人接触时，也常常会产生这种感觉。甚至当我们在清晨醒来时，可能还会纳闷儿自己的枕边人在想些什么。

因此，思考似乎是一种私密活动。人的思想好比私人剧院里的演员，而这个剧院只能容纳一位观众。没有人能够——或者原则上能够——实时地、直接地知道你的想法。当然，如果你愿意，你可以和别人交流，把自己的想法告诉他们；但你也可以像大家说的那样"秘而不宣"。人的想法和身体动作不同；身体的动作原则上是可以"被人看到的"（尽管不是每个动作都要被人看到），而人的想法是私密的，是完全在个人意识范围之内的。

关于思维的这一说法通常被看作笛卡儿主义（Cartesianism）的观点；这一观点的影响很大程度上来自勒内·笛卡儿的工作。在这一章中，我们将集中讨论笛卡儿主义观点中的认识论元素，即，我们是如何获得思想，如何辨别各种想法的。在这里有两个论点需要考虑：其一是第一人称思想的透明性（Transparency），也就是说，一个人可以直接、实时地知道自己在想什么；其二是第三人称思想的不透明性（Opaque），也就是说，我们无法直接或立即知道别人在想什么，我们只能间接地了解它。事实上，我们会发现，笛卡儿主义者甚至认为，实际上，我们用任何方式都无法完全知道别人在想什么。

笛卡儿主义提出的这两方面观点，在20世纪的大部分时间里都遭到了猛烈的抨击。一些理论家质疑，认为我们自己的思想对我们自己也是不透明的；一些人则否认别人的思想对我们是不透明的；还有一些人同时否定这两方面的观点。在这一章里，我们将会介绍一些对笛卡儿理论最有影响力的批评，然后讨论一下，在考虑了这些批评以后，笛卡儿主义中还剩下些什么。

自己的想法

我们说一个人的想法对自己是透明的，这是什么意思？我们似乎没理由认为我们的想法在本质上对自己是透明的。有些人认为思想就是大脑状态，另一些人从功能主义（Functionalism）的角度出发，认为思想是大脑状态实现的功能状态，还有一些人认为思想是非物质的灵魂状态。要想在这些说法之间找出对错，需要进行科学探究和哲学分析。而且，很清楚的是，内省法（Introspection）对于人们了解自己思想的最终本质并没有什么帮助。

同样清楚的是：我们思想的起因对我们来讲通常也是不透明的。我们经常不知道自己为什么会这么想，或是不知道我们为什么会喜欢这个想法而不是另一个想法。想想下面这个问题："加拿大和巴西这两个国家，哪个国家更大？"虽然你可能强烈倾向于回答是这个国家而不是那一个，但你不太可能知道这种倾向性背后的原因是什么。即使真的确信自己的这种想法是怎么来的，我们也没有理由认为这种信念就有什么特殊的权威性。通常情况下，其他人反而比我们自己更解释得清这个思想的来源是什么。

尽管如此，我们还是很难抗拒这个想法：关于透明性的论点是有一些道理的。想象有两个人，张三和李四，他们在玩猜数字的游戏。张三在1～20之间想一个数字，李四来猜这个数字是多少。假设他猜张三心里想的数字是14，但张三说他猜错了。李四不必相信张三的话，他当然可以怀疑张三在撒谎——但如果李四谴责张三不知道自己想的数字是什么，这就太离谱了。通常我们认为，如果张三觉得自己想的是14，那么他想的就是14。

这一点可以推广到意识流中的任何思维上。一个人似乎不需要做任何事就能意识到这些想法。看起来，只要是在他意识中的想法，那他立即就能知道。比如，他可以立即知道自己正在考虑中午吃什么，或者正在担心航班是否会推迟，或者发现自己把钥匙锁在车里了。说实在的，人们很难真的认为自己会不知道自己在想什么——把自己的一种想法当成了另一种想法。在这个意义上——或许只在这个意义上——笛卡儿主义关于人的想法对自己具有透明性的观点才有一些合理性。（这种透明性是仅限于一个人自己的想法，还是说，某个拥有"读心术"的人也可以用这种方法了解别人的想法呢，我们后面会讨论这个问题。）

重要的是要认识到，我们刚才明确限定透明性的范围仅限于意识中的想法，即，发生在意识流中的想法。显然，我们并没有什么直接、实时的途径来获得我们心中一直存在的命题态度所具有的心智特性，即，我们的倾向性信念，我们的欲望和意图。假如有人问你罗纳德·里根[1]的第一任妻子是谁，你可能知道这个问题的答案。于是，大多数情况下你都能给出答

1　罗纳德·威尔逊·里根（Ronald Wilson Reagan，1911—2004），美国第40任总统。

案；但如果你累了，或者最近受了脑震荡，或者喝醉了，你就可能想不起答案来了。

事实上，我们甚至可能会完全弄错我们心中一直抱有的命题态度。自我欺骗机制可能会蒙蔽我们，使我们错误地认识自己的信念、欲望和意图。一个人可能会明确地反对种族主义——他们可能真心认为自己并不怀有种族主义的态度——但仔细审视他们的行为，可能会揭示出一些异样，而对此最好的解释就是假定他们其实有种族主义态度。事实上，社会心理学的一个重要分支就是研究这种内隐态度（Implicit attitudes）在多大程度上主导着我们的日常行为。但这些态度并不在意识层面，我们无法直接接触到它们，它们并不是透明的。因此，笛卡儿主义——或者任何其他关于这个问题的解释——没有理由认为，我们自己对这些命题态度的描述是可靠的。

别人的想法

前面我们提到的关于第一人称透明性的表述，比许多饱受抨击的版本要温和得多；但这样的表述版本仍足以让我们强烈体会到自己的想法和别人的想法之间的显著不同。我们在本章开始时说到，我们通常并不知道流经别人意识中的想法是什么。事实上，如果真像笛卡儿主义说的，思想是内心舞台上的演员，那么我们面临的挑战并不在于解释我们为什么会错误地领会别人的想法，而在于解释我们为什么能够正确地领会别人的想法。所以，我们到底是怎么知道别人在想什么呢？

心理学家仍然在寻找这个问题的答案。尽管有些细节尚不清楚，但已经可以明确的是：我们是通过各种线索来"解读"别人的心智状态的。有些心智状态——特别是情绪——可以通过观察他人的行为察觉出来。我们会看到喜悦之情写在一个人的脸上，反映在他们的动作上；我们可以从他人的声音中听出恐惧和不安。还有一些类型的心智状态与特定的行为模式之间的联系并不那么紧密，但仍然可以通过行为来判断，并且具有一定的可靠性。在很多情况下，人们思考某个对象时，身体的知觉也会聚焦到那个对象上；因此，通过观察一个人正在

（比如）看什么或者听什么，通常可以判断出他正在想什么。但对于我们这种使用语言的生物来说，他人说了什么或者没说什么，这些同样是非常重要的线索，可以反映出他们的心智状态。即使考虑到欺骗和误解的可能性，我们也有理由相信，如果有人说厨房着火了，那他是真的相信厨房着火了。

笛卡儿主义认为，思想是内心舞台上的演员；在介绍这个观点时，我要说，它威胁到了一个假设，即，我们假设可以以任何方式得知别人的想法。这种威胁到底是如何产生的呢？毕竟，说我们知道自己的想法和我们知道别人的想法的方式不同，这是一回事；但是，说我们完全没有任何可靠的方法知道别人的想法，这又是另一回事。为什么笛卡儿主义者认为我们永远无法知道别人的想法？为什么这种关于思维的观点会引发如此激进的怀疑和担忧呢？

我们看一下维特根斯坦在《哲学研究》一书中描述的一个思维实验。这个实验假设了一个社会，其中每个人都有一个盒子，里面养着一只甲虫。每个人都可以查看自己的甲虫，但没人能查看其他人的甲虫，只能查看存放甲虫的盒子。维特根斯坦指出，尽管我们各自盒子里的甲虫可能是相同的，但我们并没有任何证据来支持这一观点。毕竟，你从来没有见过我盒子里的甲虫，我也从来没有见过你盒子里的甲虫。我们可能知道我们存放甲虫的盒子是相同的，但我们似乎没有任何理由认为盒子里的甲虫本身也是相同的。

　　这和我们能不能知道别人的想法有什么关系呢？假设你说"厨房着火了"；尽管我想表达"厨房着火了"的想法时说的话，和你说的话完全一样，然而在笛卡儿主义者看来，这种说法不一定成立。因为根据笛卡儿主义的观点，一个想法的心智特性和它的行为表现之间并没有"内在的"或者"固有的"联系。就像同样的盒子可以放不同的甲虫、同样的甲虫可以放在不同的盒子中一样，笛卡儿主义者坚信，不同的想法可以导致相同的行为，而相同的想法也可以导致不同的行为。但是，果真如此的话，我们又怎么能根据一个人的行为推断出他的想法呢？而我们现在就是这样做的！这就是声名狼藉的"他心问题"[1]的核心。

1　他心问题（Problem of other minds），又称他人心灵问题，哲学知识论中的一个传统问题，其核心是：如果我只能观察到其他人的外显行为，我要怎么知道其他人也拥有心智？因为人类可以透过内省来确认自己拥有心智，但是只能观察到其他人的外显行为，而不能直接观察到其他人的心智的话，由行为来推论其他人也拥有内在心智的论证是否合理、可靠？如何建立哲学论据来证明其他人也拥有心智，以及证明对于他人心智的知识是可靠的，一直是哲学上的一个难题。

　　维特根斯坦提出"盒子里的甲虫"这个思想实验的目的，并不是要说明真的存在"他心问题"，他是要用这个类比证明笛卡儿主义的观点是错误的，证明它破坏了我们了解彼此思想的能力。既然我们很清楚，我们可以辨别彼此的心智状态，而且这种辨别有一定的可靠性，那么任何对思维本质的解释，如果认为不可能获得这种能力，那么这种解释本身就肯定是错的。当然，对笛卡儿主义深信不疑的人不会同意维特根斯坦的论述。他们会坚持认为，有待商榷的正是我们可以了解彼此思想的这一假设。但是，维特根斯坦的论述会引起那些没有深陷在笛卡儿主义思维图景中的人的思考。

　　为什么笛卡儿主义的观点会产生"他心问题"呢？这是因为，笛卡儿主义者认为思想和行为表现之间的关联是偶然的。就像甲虫和装它的盒子之间没有必然的联系一样，思想和行为表现之间也没有必然的联系。所以，化解"他心问题"的一种方法——或许是唯一的方法——就是接受这样一种观点，认为思想与行为表现之间的联系是内在的、非偶然的。这样的观点会是什么样的呢？

　　行为主义（Behaviourism）提供了一种关于思维的观点。根据这个观点，一个想法必然与某种行为关联在一起。大致来讲，行为主义者认为，想到厨房着火了，就会产生一种特定的行为倾向——比如大喊"厨房着火了"——以应对当前的环境。尽管通过行为倾向来辨别一个人的想法可以解决"他心问题"，但代价太大。因为很难相信行为主义者主张的所有想法都可以与特定的行为倾向关联起来的说法。心理学家B. F. 斯金纳[1]在他的《言语行为》一书中回忆到，在一次晚宴上，哲学家阿尔弗雷德·诺思·怀特黑德[2]向他提出挑战，要求他对"没有黑蝎子落在这张桌子上"这个想法进行行为分析。不用说，斯金纳没有回应这个挑战。

虽然在当代，很少有人主张行为主义，但许多理论家都赞同行为主义者的信念，认为某个生物想法的心智特性，在本质上是和它的知觉环境以及行为环境关联在一起的。这也是功能主义的核心主张。功能主义者认为：思想是一种内在的心智状态，它在各种输入状态和输出状态之间起到传达的作用。一个特定的想法——比如厨房着火了——是一种内在的心智状

1　伯尔赫斯·弗雷德里克·斯金纳（Burrhus Frederic Skinner, 1904—1990），美国心理学家，新行为主义学习理论的创始人，也是新行为主义教育的主要代表人物。

2　阿尔弗雷德·诺思·怀特黑德（Alfred North Whitehead, 1861—1947），英国数学家、哲学家，"过程哲学"的创始人。

态，倾向于被某种原因激活（比如，看到厨房冒烟，感受到火焰发出的热量），进而倾向于产生某些行为（比如，寻找逃生出口；报警）。功能主义者认为，一个想法的心智特性在于它的功能，也就是说，在产生它的主体的认知经济（Cognitive Economy）中，这个想法发挥了什么作用。

功能主义关于思维的观点在两个方面改进了行为主义。首先，它认为一个想法的心智特性并不单纯由它的行为决定，同时也是由知觉原因决定的；其次，功能主义的观点从根本上说是整体性的。行为主义者认为，一个想法引起的行为倾向是个别的；而功能主义者则认为，一个想法的心智特性是由它在整个心理经济中扮演的角色决定的，而这个想法本身就是在这个心理经济中产生的。重要的是，在这个经济中，还包括其他想法。这就解释了为什么同样的想法会引起完全不同的行为表现。例如，想到厨房着火了会导致一些人试图逃离厨房，而另一些人（比如消防员）则会试图进入厨房。

因此，在思维理论上，行为主义和功能主义有明显的不同；同时，功能主义和笛卡儿主义在对思维的解释上也有明显的不同。笛卡儿主义认为，思想是纯粹私密的心智状态，它和任何可以公开访问的事件都没有关系；而功能主义认为，一个想法的心智特性依赖于可以公开获得的事实，也就是主体的知觉环境和行为反应。因此，功能主义能够防止出现那种主张一个人无法知道别人思想的怀疑主义论调。这种论调威胁到了笛卡儿主义的根基。

功能主义不仅为我们提供了一种预防措施，以应对"他心问题"；同时，它还解释了为什么我们对他人想法的了解往往是暂时和不确定的。甚至在对一个人的知觉环境以及行为倾向掌握了丰富信息的情况下，我们也很难确定一个人究竟是怎么想的（"她这么说是因为她觉得不好意思，还是说她就是想侮辱他？"）。对我们熟悉的人，我们很擅长判断这个人的想法；而且，推而广之，对和我们语言相通、文化背景相同的人来讲，我们也比较容易知道他们是怎么想的。但对那些和我们的文化背景大相径庭的人，了解他们的想法经常是一种挑战。这一点，人类学家再清楚不过了。因为人性相同，所以在一定的范围内，我们能够可靠地知道某些心智状态代表的想法，但越远离那些"亲朋好友"，我们对他人想法的把握就越不确定。对那些缺乏语言能力的生物，要想了解它们的想法更是难上加难。我们将在下一章讨论这些挑战。

大脑解码和读心术

直到最近，我们了解他人想法的途径仍然只有一条：研究他们的行为。然而，近几十年来，出现了一种新奇的"读心术"。人们称这种方法为"大脑阅读"或者"大脑解码"，它根据一个人大脑活动的模式判断这个人的想法。在一项研究中，神经学家约翰-迪伦·海恩斯（John-Dylan Haynes）和他的同事向受试者展示两个数字（比如3和7），并指示他们要么偷偷地把两个数字相加，要么把两个数字相减。利用功能性磁共振成像技术，海恩斯和他的同事能够确定受试者做的是加法还是减法，准确率高达70%。

我们可以通过询问受试者他们刚才在想什么，来评估海恩斯使用的大脑解码技术的可靠性；但同时，大脑解码技术也可以用在一些行为不容易验证的环境中。神经学家阿德里安·欧文（Adrian Owen）和他的同事使用这些技术，来研究处于植物人状态的病人是否仍然拥有一定的思维能力。在一项研究中，他们要求一名植物人病人想象自己在打网球或者在自己家中走来走去。令人惊讶的是，病人对这些指令的神经反应和认知正常的人产生的神经反应类似。欧文和他的同事得出结论，病人是在有意识地遵循收到的指令。对这些实验数据的解读尚有争议：不少批评者虽然承认，实验结果证明病人可以进行某些信息的处理，但他们否认这些信息处理是有意识地进行的。尽管如此，大脑解码技术无疑为我们检测意识层面的想法提供了新的可能性，这些可能性是传统的"读心术"提供不了的。

这些技术的潜在边界在哪里？我们真的有理由认为，神经学家可以掌握一种技术，可以像了解自己的想法那样了解别人的想法吗？我们可以利用这些技术来消除前面提到的"猜数字"游戏中的运气成分吗？

我们总喜欢预测科学可能会（或不会）给我们带来什么，尽管这实在是愚蠢之举，但值得强调的是，当今的"大脑解码"技术的确有其局限性。首先，这些研究人为地限制了受试者的思考范围。海恩斯的研究要求受试者把呈现出的数字相加或者相减；欧文的研究要求受试者要么想象自己在打网球，要么想象自己在家中走来走去。但在现实世界中，受试者的思考范围并没有受到这些限制。因此，在日常生活中确定受试者的想法比在实验室里要困难得多。其次，这些研究比对的都是事先建立好的特定想法和神经活动类型之间的关联。尽管有时实验者会加以说明，但这些实验都不涉及对思维语言的解码。

（事实上，他们甚至没有假设存在思维语言。）结果就是，如果一个想法和神经活动之间的关联没有包含在神经学家的数据库中，那么神经学家就无法使用这些技术识别这个想法。从这个意义上讲，这种"大脑解码"技术还没我们传统上基于行为猜测别人想法的"读心术"更令人印象深刻；而我们可是天天都在用这些方法，来猜测那些我们以前从未碰到过的各种想法。

那么，随着"大脑解码"技术的发展，这些限制能突破吗？只有时间才能证明一切。我们现在能说的是：神经学家在短期内几乎不可能像你自己那样了解你自己的想法。

从外到内（然后再从内到外）

我前面说过，在笛卡儿主义关于思维的概念中存在一些真理：一个人对自己思想的了解和对别人思想的了解，不仅在了解程度上不同，而且在了解手段上也不同。但这是否意味着思想的本质中包含着某种内在的心智事件——也就是笛卡儿主义者所谓的内心舞台上的表演呢？也许并不是。有些思维理论，在精神上是反笛卡儿主义的；但请允许我们公平地判断，在笛卡儿主义的思维图景中，究竟还有什么真理。

假设思维（这里指复杂的、人类特有的思维）起源于某种公共符号系统。也许第一位思考者使用（比如）某种计数器来表征物体。例如，用一粒豆子表征一处水源，两粒豆子表征两处水源，以此类推。通过数豆子，早期原始人可以更容易地追踪水源分布。随着时间的推移，人们使用词语作为计数器的补充来表征物体，并最终取代了计数器。一旦生物能够彼此交谈，它们就能够自己和自己对话。而随着时间的推移，一个能够自己和自己对话的生物就可能获得一种能力，能把自己的想法藏在心里。在笛卡儿主义者看来，思想首先是，而且最重要的是一种内在的心智过程——发生在人的心灵"密室"中——只有通过进一步交流才能为人所知。而我刚才描绘的内容则完全否定了笛卡儿主义的观点；它认为思想——至少是人类特有的思想——的根源在于公众可以接触到的知觉空间和行动空间。

按照这种说法，一个生物的思想会很自然地表现在它的行为中。有些生物可能永远无法获得隐藏自己思想的能力，还有的生物也许只能逐渐获得这种能力。想想孩子们是如何学会数数的。孩子们学数数，不是首先掌握一门内在的思维语言，之后把它翻译成自然语言,然后再学数数的;相反,孩子们首先学的是大声念出数字,或者先掰着自己的手指头、脚指头数数。一旦他们会数数了,他们就能发展出在自己心里默默数数的能力。这个过程开始于"公共空间",然后经过内化,别人就看不到了。(也许驱动这一过程的进化动力就是欺骗——一种试图把自己的想法隐藏起来的需要。)一旦我们学会了隐藏自己的想法,我们就可以玩猜数字的游戏,就可以策划出人意料的生日派对以及识破对手的阴谋了。

第四章

其他动物能像人类一样思考吗？

狗能确信主人站在门口，但它能确信主人后天回

来吗？

——维特根斯坦《哲学研究》

非人类的动物能够思考吗？如果能，它们能想到什么？
狗可能会相信某些事，会有某种欲望，但它们会设想事情的可
能性吗？比如，考虑或希望某件事可能会怎么样？无论非人类
的动物能不能进行某种类型的思考，有件事很明显，人类的认
知能力与其他物种的认知能力之间存在巨大的差距。那么，
如何解释这种差距呢？我们可以用动物和人类之间最明显的
不同——是否拥有自然语言——这一点来完全解释这种差距
吗？还是说，还有些非语言因素起了作用，也会造成我们和其
他物种之间认知能力的差距？这些问题在亚里士多德的时代就

引起了争论，直到今天，这些争论仍在继续。

初步挑战

只要涉及动物思维的研究，一开始就会面临不少挑战。第一个挑战就是：动物是否可能拥有思维能力。关于动物的思维能力这件事，究竟是一个开放问题，可以用正常的科学手段来找出答案，还是像很多理论学家认为的那样，存在某些根本性的原则，使得没有语言的生物根本就无法思考？

为了证明必须有语言才能思考，最明显的策略就是论证语言和某种认知能力密切相关，而这种认知能力正是思考所必需的。例如，在看不到物体的情况下表征物体的能力，表征各种物体及其属性的能力，或者以一种系统的、开放的方式描绘一个人所处的周边环境的能力。这些能力都需要掌握自然语言才能拥有吗？当然，如果说自然语言可能会促进这些能力的掌握，这肯定没错。事实上，在认知结构上甚至可能存在某些生物学上的限制，从而阻止生物获得这些认知能力。比如，对某些认知能力，如果一个生物没有首先（或者同时）学会语言，就无法获得。尽管很多有影响力的人物做出过断言，但并没有很好的先天证据证明，必须掌握一种公共语言才能获得这些能力。思维能力确实需要某种形式的表征系统，但这个系统是不是必须采用自然语言的形式，或者说，它会不会是与"思维语言"类似的系统，仍是一个悬而未决的问题。

第二个挑战则是关于方法的挑战：即使那些不会说话的生物能够思考，我们又怎么能在这些生物身上发现思考的证据呢？如果一个生物不能回答我们提出的问题，我们怎么能确定它思考的内容呢？我们又怎么能确定它真的在思考呢？

首先要注意的是：这类认知问题也面临我们前面提到的那个挑战，也就是认为只有能够回答我们问题的生物才具有思维能力。正如在《爱丽丝梦游仙境》[1]中疯帽匠对爱丽丝说的那样，我们说的并不总是我们想的，而我们想的也并不总是我们说的。对语言的解读通常是模棱两可、含含糊糊的。我们要依靠大量的背景假设，例如要知道说话的人是否真诚，是否了解听众，是否清楚自己所用词汇的意思；只有这样，我们才能从

---

1 《爱丽丝梦游仙境》是19世纪英国作家兼牛津大学基督学院数学教师刘易斯·卡罗尔创作的著名儿童文学作品。故事中的疯帽匠也译作"疯帽子"，擅长制帽与剪裁，说话颠三倒四，性格怪诞，但为人直率而坦诚。

他说的话里推断出他的想法是什么。此外，虽然非语言生物无法告诉我们它在想什么，但我们可以通过各种方式了解它在想什么。例如，我们可以观察生物对不同道具表现出来的不同敏感程度，由此做出判断。假设我们想知道狗能否想到松鼠；如果狗能在周围的环境中认出松鼠，那么我们就有理由认为，狗可以想到松鼠。我们可以有理由认为，比方说，这条狗相信树上有一只松鼠。（当然，我们不必要求狗能够把松鼠和其他所有东西区分开来，然后才说它的确想到了松鼠。毕竟，我们自己也无法把松鼠和某种像松鼠的仿真物区分开来，但我们毫无疑问可以想到松鼠。）可以说，在证明思维能力方面，语言行为和非语言行为只是程度上，而非性质上的区别。

因此，我们似乎没有理由断然否定非语言生物具有思维能力的可能性，同样也没有理由假设我们无法检测它们可能具有的思维能力。比起没有语言的生物，语言可以使我们更精确地了解一种生物的思想；但如果因此认为我们永远无法了解非语言生物的思想，那就错了。

数学、社会学和心理学

我们该到哪里才能找到某个物种具有思维能力的证据呢?我们可以考察它的导航能力,因为导航能力往往需要以复杂的、系统化的方式描绘身边环境的时间和空间特征。或者,我们还可以考察它制造工具的能力,因为把一个物体制造成工具,需要掌握这个物体的因果属性。关于这些话题的文献非常丰富,但我们在这里将集中在三个领域寻找非语言生物具有思维的证据:数学领域、社会关系领域及心理学领域。

研究表明,许多物种能够跟踪所处环境中物体的数学特性。在一项实验中,心理学家罗素·丘奇(Russell Church)和沃伦·梅克(Warren Meck)把老鼠放在一个实验环境中,它们可以听到声音,看到闪光。这些老鼠在实验之前受过训练,听到两次声音就拨动左边的控制杆,听到四次声音就拨动右边的控制杆。此外,这些老鼠看到两次闪光就拨动左边的控制杆,看到四次闪光就拨动右边的控制杆。那么,当老鼠听到一次声音并且看到一次闪光时,会做什么呢?它们会立即拨动左边的控制杆,这表明它们已经将这种刺激编码为"两个事件"。同时,听到两次声音并且看到两次闪光后,它们会立即拨动右边的控制杆,表明它们已经将这种刺激编码为"四个事件"。

有些物种能够比较数量的多少,而且具有一定的准确性。灵长类动物学家杜安·蓝保(Duane Rumbaugh)和他的同事向黑猩猩展示两盘巧克力饼干,但它们只能选择一盘。每个盘子里都放了两堆巧克力饼干。例如,在一个盘子里,可能一堆是三块巧克力饼干,另一堆是四块巧克力饼干;而另一个盘子里,可能一堆是七块巧克力饼干,另一堆是两块巧克力饼干。黑猩猩很喜欢吃巧克力饼干,所以它们面临的问题就是,要确定哪个盘子里的饼干数量更多。为了解决这个问题,黑猩猩首先要把盘子上的两堆巧克力饼干相加,然后算出哪个盘子里的饼干更多。尽管当两个盘子里的饼干数量非常接近时,黑猩猩会犹豫,但它们一般会很精确地选择装巧克力饼干更多的盘子。

事实上,有证据表明,黑猩猩甚至能掌握简单的分数。在一项实验中,灵长类动物学家戴维·普雷马克(David Premack)和盖伊·伍德拉夫(Guy Woodruff)训练黑猩猩识别半个物体。例如,当黑猩猩看到半杯牛奶时,它们会选择半个苹果而不是四分之三个苹果。然后,普雷马克和伍德拉夫让黑猩猩看一张四分之一个苹果和半杯牛奶的图片。这些动物能够将这两幅图像结合起来,并把它与代表四分之三的图像匹配起来。这表明,它们对分数有直观的理解。

总的来说,证据表明许多物种——甚至包括六个月大的人类婴儿——都能精确地表征较小的数(1、2、3以及比3大一点的数),也都能以近似的方式表征较大的数(也就是超过3的数)。这种表征能力,是一种类似思维的能力;因为不管从哪个角度来看,这种能力都与接收到的刺激无关。然而,无论是非人类的动物还是人类的婴儿,似乎都不能精确地表征更大的数字。我们在下一章会看到,这种能力可能需要掌握数字的写法。

现在让我们转到第二个领域,即社会关系领域,看看我们已经获得哪些证据,证明动物具有思维能力。在许多物种中,社会地位扮演着重要的角色。个体不仅要知道自己在社会中的地位,而且要能识别群体中其他成员的社会地位;这一点至关重要。灵长类动物学家多萝西·切尼(Dorothy Cheney)和罗伯特·赛法思(Robert Seyfarth)以狒狒作为研究对象,对非人类的灵长类动物的社会认知进行了深入的研究。每只雌性狒狒在整个族群中的社交关系包括了两层等级制度:狒狒所属的整个家庭在族群社会中有相应的等级地位,雌性狒狒在家庭内部也有相应的等级地位。这些等级地位是会变动的，并且在构建狒狒与族群其他成员的互动中起着关键作用。因此，当我们发现狒狒对它们的社会有一套复杂的表征系统时，也就不足为奇了。例如，当狒狒听到来自低等级家庭威胁高等级家庭的一系列叫声时，会比听到来自家庭内部的类似叫声更为惊讶；甚至当这种威胁来自与它们同等级的家庭时，更是如此。

狒狒对社会的理解在很多方面都表现出思维的特征。首先，狒狒对自己社会的理解与任何特定的知觉模式并无关联，而是独立于它们的直接知觉环境的。例如，一只狒狒发出一系列声音，而另一只狒狒在解读时，可能既要取决于它听到的声音，也取决于它看到的情景。其次，狒狒关注的这些属性（比如从属地位）并不直接体现在动物的生活环境中，而是需要运用一套理论，通过观察一只狒狒的生理特征和行为特征来判断它的社会地位。一个不懂这种理论的人，就没办法像狒狒那样了解群体中各个成员间的社会关系。再次，狒狒对其社会环境的理解在相当程度上似乎是系统化的、开放的。狒狒可以表征部落成员之间关系的多种可能性。它不但能表征那些它意料之中的关系，还可以表征那些出乎意料的、不协调的关系。综上所述，这些特点为我们提供了很好的证据，证明我们可以把狒狒对自己社会的表征行为描述成一种思考能力。

我们可以把某些非人类的物种看成业余社会学家，但它们也有资格成为业余心理学家吗？我们人类拥有复杂的能力，可以辨识自己和他人的心智状态，但其他物种也有这种能力吗？

关于这些心智能力，让我们先从一个相当基础的方面说起：视觉。动物看到其他生物注视某个方向，能基于这个信息看出——或许是知道——某些事情吗？至少，灵长类动物似乎对"看到"和"知道"之间的联系有一定的理解能力。例如，灵长类动物会顺着另一只动物的目光看去，来确定对方正在注意什么；它们还会把珍贵的食物挪到远离其他动物视线的地方。但是，灵长类动物真的能理解视觉的概念吗？还是说，它们仅仅知道和视觉关联的行为，比如知道动物看到心仪的食物就会吃掉它？

灵长类动物学家丹尼尔·波维内利（Daniel Povinelli）和蒂莫西·埃迪（Timothy Eddy）开展的一系列实验表明，黑猩猩似乎只把视觉当作一种"看"的行为。在这些实验中，黑猩猩可以选择向两个人中的一个人乞讨食物。其中一个人能看到黑猩猩，而另一个人尽管面对黑猩猩，却看不见它；要么是因为她头上套着水桶，要么是因为她戴着眼罩（参见图2）。

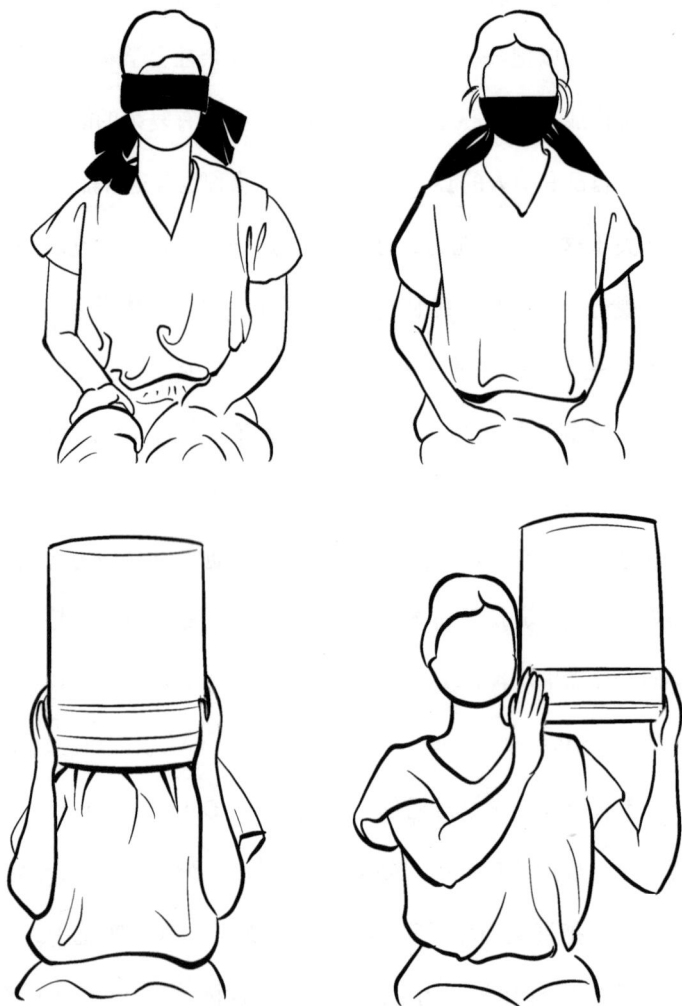

图2　测试黑猩猩对视觉的理解

波维内利和埃迪发现，黑猩猩并没有表现出更愿意向看得见它的人乞讨食物，这说明黑猩猩并不理解"看到"和"知道"之间的联系。

这一研究结果非常值得注意。不过，它测试的并不是黑猩猩擅长做的事。野生黑猩猩通常会争夺食物，而不是通过乞讨获得食物。考虑到这一点，演化人类学家布莱恩·黑尔（Brian Hare）和他的同事试图探索，如果在一个涉及争夺食物的实验中，黑猩猩是否能够证明它们能理解"看到"和"知道"之间的关系。

为了研究这种可能性，黑尔和他的同事在一个房间里放进去两只黑猩猩，一只占统治地位，另一只处于从属地位。房间里放着两份食物。其中一份食物两只黑猩猩都能看到，而另一份只有从属地位的黑猩猩能看到。占统治地位的黑猩猩通常会拿走所有的食物，还会惩罚胆敢挑战它的下属。因此，如果处于从属地位的黑猩猩能理解"看到"和"知道"之间的关系——特别是能理解"看不到"和"不知道"之间的关系——那么它就会优先选择放在障碍物后面另一只黑猩猩看不到的食物。事实也正是如此。

那么，其他灵长类动物的"读心术"能达到什么程度呢？

灵长类动物有能力监测自己的心智状态吗？关于这个问题，目前有了一些启发性的证据。灵长类动物学家大卫·史密斯（David Smith）和他的同事共同开展的研究表明，猴子也许有能力监测自己的心智状态，知道自己对某件事是不是有把握。在这些研究中，实验人员教会猴子控制一个操纵杆，可以在一个视觉测试中回答问题。当猴子回答正确时，它们会得到食物；但如果它们的回答不正确，它们就必须等待下一次测试——猴子不喜欢等待。然后，猴子们了解到，有一个特殊按键，按下它就可以退出测试。退出测试意味着得不到任何食物，但也意味着不用等待，马上就会进行下一次测试。猴子使用这个"退出"按键，说明它们在辨别每次测试的难易程度，因为它们只在测试很难的时候选择退出。也就是说，只在它们更有可能因为回答错误导致要忍受等待的时候，才选择退出。有趣的是，海豚似乎也有能力通过这种方式监测自己对某件事情的确定程度。

因此，有证据表明，有不少非人类的物种能够以类似思维的方式表征很多领域。然而，对于动物的思维，相比于我们未知的部分，我们目前已知的部分实在是太微不足道了。非人类的动物能够具有什么类型的命题态度？动物可以有信念、欲望和意图,但它们能在不立刻实现这些想法的情况下,仅仅怀有这些想法吗?而且,它们在意识层面上的想法又是怎样的呢?动物会有意识地主动引导思考的方向,还是说,它们在意识层面上的这些想法不过是纯粹被动的产物?非人类动物的思考范围究竟有多大?有没有其他物种也具有自我意识呢?——它们知道自己是自己吗?——还是说,自我意识是人类特有的呢?这些问题,以及很多和动物思维相关的问题,到目前为止都还没有答案。

人类独特的思维能力

我们可能并不是唯一具有思维能力的物种,但任何物种的思维能力在深度和广度上都无法与人类相提并论。我们称自己为"智人",这并不是不知天高地厚,而是由于下面这些事实:我们是唯一建立了政府和宗教所必需的社会制度的物种,是唯一开发出了复杂工具和技术的物种,是唯一创造了复杂物质文化的物种。其他物种,甚至是尚未发育成熟的人类,可能具有一定的思维能力,但这种能力与发育成熟的人类相比,都是极其弱小的。那么，是什么促使人类具有如此独特的思维能力呢？

人类思维的一个不同寻常之处就是：我们能够将思考的焦点和知觉注意力分开。我们可以在看着一个事物的同时，心里想着另一个完全不同的事物。相比之下，如果一个人想知道动物（或者还没学会说话的儿童）在想什么，只需要知道对方把知觉注意力放在哪里就够了。

这种将想法和所处环境分开对待的能力，可能要（甚至可能必须）通过使用符号才能做到。我们来看看下面关于示巴（Sheba）和萨拉（Sarah）的实验。示巴是一只成年黑猩猩，受过训练，会用符号（数字符号）来表征物品；而萨拉是另一只黑猩猩。示巴和萨拉面前有两盘食物。实验是这样设计的：只有当示巴指向小盘子的时候，它才能得到大盘子里的食物。（而当示巴指向大盘子里的食物时，这些食物就会给萨拉。）虽然示巴很清楚它需要做什么才能得到大盘子里的食物（它当然希望如此），但它无法克服本能，总是指向（它更渴望的）大盘子——直到实验人员盖上盘子，把代表盘子里食物多少的数字符号放在上面，这种情况才发生变化。当盘子上有这些数字符号出现以后，示巴就可以利用它了解的规则（"如果我想要大盘子，我必须指向小盘子"）指向小盘子，从而实现它的目标。

这种通过使用符号产生变革型力量的例子还有另一项针对黑猩猩的研究。人们训练这些黑猩猩使用符号（塑料标签）来表征相同和不同之间的关系。例如，用一个红色三角形把一对杯子关联起来，表示它们是同一类物品；而用一个蓝色圆圈把一只杯子和一只鞋关联起来，表示它们是不同的物品。那些受过训练的黑猩猩——也只有黑猩猩——能够使用标签来识别更高一阶的相同以及不同的关系。换句话说，它们能够识别两对（比如"杯子+杯子"及"杯子+鞋"）物品之间的关系。第一对物品之间是相同的关系，第二对物品之间是不同的关系，所以，黑猩猩知道这两对物品之间是不同的关系。该项目的研究者认为：黑猩猩是通过识别这些符号完成这项任务的。它们看到这些标签以后，可以将高阶任务（确定多组物体之间的关系）转变为低阶任务，也就是确定每对物品上的关联符号是否一样。

正如哲学家安迪·克拉克（Andy Clark）说的那样："使用外部标签和符号的经验使我们的大脑……能够解决复杂和抽象的问题，否则，这些问题会使我们困惑不解。"也许，正如维特根斯坦认为的那样，狗可能需要借助符号思维，才能确信它的主人会在后天回来。也许这一点同样适用于动物能否拥有命题态度（比如希望）这个问题。狗也许有能力希望在它身处的知觉环境中发生什么事，比如得到桌子上的剩菜剩饭；但是，希望获得看不到（或者闻不到）的东西的能力，则可能需要借助符号才能完成，也就是说，必须采用符号作为一个中介，代表要思考的物体。

关于人类思维第二个不同寻常之处就是：人类具有心理学家恩德尔·托尔文（Endel Tulving）称之为"心理时间旅行"（Mental Time Travel）的能力，也就是以第一人称的身份回忆过去和预测未来的能力。这种能力也许是人类独有的。心理时间旅行能够让人回想到过去（"我还能记起小时候去大吉岭时的情景"），也可以预测未来（"我可以想象得出，现在再回到大吉岭时的感觉"）。心理时间旅行中的投射组件——能够想象自己处在某种情形当中——是整个能力的核心。正是这种投射想象的能力使一个人认识到，牙科检查带来的轻微不适可以避免未来因牙齿出问题而产生的更大痛苦。投射想象的能力在工具制造中也扮演着重要的角色，它使人能够预测行动的结果。

心理时间旅行的能力真的是人类独有的吗？这个问题目前悬而未决。其他物种当然会表现出一些心理时间旅行的行为。我们来看看灌丛鸦藏食物的行为。在一系列实验中，心理学家尼古拉·克莱顿（Nicola Clayton）和安东尼·迪金森（Anthony Dickinson）为灌丛鸦提供虫子和花生，让它们把食物藏在不同的地方。相比于花生，灌丛鸦更喜欢吃新鲜的虫子；但如果和贮藏了一段时间的虫子（可能已经不能吃了）相比，灌丛鸦更喜欢吃花生。实验表明，灌丛鸦不仅记得自己把食物藏在了哪里，而且还记得是什么时候藏的。因为它们会先取回新鲜的虫子，然后再取回花生，最后才取回已经藏了一段时间的虫子。

这是否意味着灌丛鸦具有"心理时间旅行"的能力？也许不是。灌丛鸦可能并没有"在意识中重温"当时藏虫子和花生时的情形；相反，它们可能按照某种"命题记忆"（Propositional Memory）行动：它们可能知道藏某种食物的时间，而不是在"内心"——如果可以这么说的话——记得藏食物的这个举动。这可能也是一种思维，但和我们凭借心理时间旅行能力进行的思维有很大不同。

关于人类思维第三个不同寻常之处，涉及它与周围环境的关系。人类思想产生的环境从根本上增强了人类思考的范围和活力。我们会采用各种工具来控制思考方向，这大大增强了原本很脆弱的"直接"控制思想的形式；这些工具中最强大的就是自然语言。我们把想法用词语表达出来，这样我们就能退后一步，让这些词语接受批评和评价。柏拉图认为，思考就是"灵魂和自己对话"。这句话可能不太正确，但我们有充分的理由认为，人类思维的独特之处就是——或者至少是得益于——内心的语言和各种语言技巧。我们很多人都需要拿起笔（或者iPad）才能很好地思考。

人类思想产生的环境不仅有语言环境，还有社会环境。我们自出生起，周围的人就都能思考，他们已是这项"技艺"的专家；我们就是在专家的指导下学习思考的。事实上，毫不夸张地说，童年时期是学习思考这门手艺的一段漫长的学徒期。我们不仅要学习思考什么，而且要学习——也许是更重要的——如何思考。就像所有真正的学徒一样，我们接受的大部分指导并非明确说出来的，而是潜移默化的。这里并没有一套正式的规则告诉你如何"引导心智的方向"；我们是看到了什么是好的思考，然后以此为榜样来学习如何思考的。德国哲学家伊曼努尔·康德[1]打了个比方，说这个过程就像是使用

---

1 伊曼努尔·康德（Immanuel Kant，1724—1804），德国哲学家，德国古典唯心主义的创始人，其学说深深影响近代西方哲学，并开启了德国唯心主义和康德主义等诸多流派。

了思维的"婴儿学步车"（gängelwagen）。婴儿学步车是一种带四个轮子的支架结构，它可以套在婴儿身上，帮助婴儿学习走路（参见图3）。就像婴儿学步车能帮助小孩子学习走路一样，好的思考也能帮助小孩子掌握思考的艺术。

图3　婴儿学步车

在学习如何思考的过程中，核心要点是实践社会性参照[1]。人类的婴儿从一岁开始，就对成年人的注意力焦点非常敏感。婴儿不仅会"注意"大人在注意什么，他们还会试图让大人"注意"他们在注意什么。这些社会性参照就像婴儿学步车的支架结构一样，支撑和规范着我们的思维。不仅在婴儿和童年时期这样，而且会贯穿我们一生。我们会批评一个人的想法，说这些想法是"不合理的"或者"鲁莽的"；我们会称赞一些人，说他们有"创造力"或者"洞察力"。社会对我们思想的评价，可以帮助我们纠正怪异的思维，使我们发现一些没有考虑到的地方。通过与他人交谈，我们会发现自己都没有意识到的想法；而他人的质疑和探寻，会刺激我们的想法走上正确的轨道。事实上，有证据表明，当一个团体中的成员具有健康的思辨和质疑精神时，他们会产生出更卓越的思想。人类思维的这种社会维度在其他物种的认知生活中似乎都不存在。甚至是黑猩猩——和我们基因组最相似的物种——都不会产生或表现出任何其他类型的交流信号，鼓励它们的同伴去了解它们的

1　社会性参照（Social Referencing）是指发展中的个体利用他人对某一情境的理解形成自己认识的过程。当婴儿处于陌生的、不能肯定的情境时，他们往往从成人的面孔上搜寻表情信息，然后再采取相应的行动或者做出相应的反应。

心智状态。

不过，最重要的也许是文化的传播机制能够将上一代人形成的优秀思想传承给下一代人。在其他物种中，每一代都需要靠自己重新实现认知突破；而我们人类却能够在祖先奠定的认知基础上继续发展。我们继承的不仅是先辈的思想内容，而且——更重要的是——我们还继承了产生、评估和交流思想的方法。当然，就像所有继承下来的东西一样，没有人能保证我们获得的认知工具永远会保持良好的工作状态；但毫无疑问，我们从这种安排中获得的东西要比失去的东西多得多。

第五章

为什么别人的想法跟我不一样？

楚人有鬻盾与矛者，誉之曰："吾盾之坚，物莫能陷也。"又誉其矛曰："吾矛之利，于物无不陷也。"或曰："以子之矛，陷子之盾，何如？"其人弗能应也。

——《韩非子》

古希腊哲学家亚里士多德认为，理性思维是人性中的决定性特征，是人类区别于其他动物的关键。然而，亚里士多德还认为，这种能力并不是在所有地方都一样，希腊文化的思维模式要优于其他文化的思维模式。根据亚里士多德的说法，尽管希腊之外的人也能够理解别人的推理过程，但他们自己却缺乏理性思维的能力。如今，很少有人会认同亚里士多德关于希腊人的思维模式优于其他人的说法，但他提出的问题依然没有过时：在跨文化的背景下，人的思维结构从根本上讲究竟是相同的，还是像一些人经常说的那样，"他们"——即世界"另一头"的人——并不像"我们"这样思考呢？

在大多数情况下，心理学家往往主张普遍主义，认为从根本上讲，在所有社会中，人类的思维模式都是相同的。而另一方面，人类学家往往主张特殊主义，认为不同社会的思维模式在许多方面都存在明显的不同。心理学家往往强调不同社会中的成员在思维上的共性，而人类学家往往强调他们的特性。

正如我们将要看到的那样，在普遍主义和特殊主义之间判断孰是孰非，远没有那么简单直接。其部分原因在于：争论中使用的术语本身就有些含糊不清。说两个社会的思维模式不同，究竟是什么意思？如果真的发现不同社会的思维模式之间可能存在差异，就能证明特殊主义是正确的吗？还是说，只要发现不同社会的思维模式可以存在差异，就能证明特殊主义是正确的？这场争论的另一个模糊之处来自经验实证：出乎意料的是，我们对普通人究竟是如何思考的这一问题，其实知之甚少。绝大多数关于理性思维的心理学研究只针对美国大学生，而美国大学生这个群体在人类这个大家庭中所占的比例非常小——而且很可能不具有代表性。只有当我们已经知道人类的思维模式在所有地方都一样时，我们才有理由将这些研究成果应用到普通人身上。就人类学家而言，他们研究特定文化的思维模式，可以提供详细的个案研究；但通常来讲，我们并不清楚，该如何把在某一文化中的研究与在另一文化中的研究进行比较。简单来讲，任何想在这场争论中分辨是非的人，都会面临重大挑战。

我们将集中讨论三个问题，试着厘清这场模糊的争论。第一，在思考的内容上，不同社会之间的差别到底有多大？第二，某些社会中的成员倾向于使用其他社会中的成员不使用——也许是不能使用的推理模式吗？第三，思维与语言的关系在这场普遍主义和特殊主义的思维争论中起到了什么作用？

思考的内容

任何对人类本性感兴趣的观察者，看一眼就可以得出结论：不同社会对于现实的看法明显不同。不同的社会有不同的宗教信仰、不同的哲学观点、不同的道德规范和政治制度。我们只举一个例子，就能说明这种不同。考虑这个问题：非人类的动物是否要为自己的行为承担法律责任？尽管"我们"可能认为这件事显而易见，动物不能为它们的行为承担法律责任，但在古雅典的法律中，就有审判动物的法律条文，而且这类审判在中世纪的欧洲也屡见不鲜。

所以，很明显的是：人类对于世界的看法是不同的——有时甚至大相径庭。但不太明显的是，这些思维上的不同是只局限在那些"边边角角"的地方——说这些话时我要向动物们道歉——还是说，这些不同构成了我们思维的"核心"特征，即规范了我们日常生活的那些思维特征？让我们从两个领域来考察这个问题：对空间位置的思考，以及对心智能力的思考。

对空间位置的思考，人们主要采取两种方式：一是以自我为中心，二是以地理方位为中心。在思考空间位置时以自我为中心，就是采用一种以自我为原点的参照系。例如，以自我为中心描述一棵树的位置，可以说，这棵树在房子的左边。（从另一个观察者的角度看，同一棵树可能在房子的右边。）与此相反，以地理方位为中心思考空间位置时，采用的是以地球为中心的参照系。例如，以地理方位为中心描述一棵树的位置，可以说，这棵树在房子的北面。那么，不同社会中的人思考空间位置时，使用这两种方式的偏好会有所不同吗？

心理语言学家史蒂芬·莱文森（Stephen Levinson）认为，确实会有所不同。为了研究这个问题，莱文森和他的同事比较了不同语言背景的人对空间位置的思考方式。有些语言背景的人，更愿意以自我为中心描述空间位置。例如，尽管使用英语和荷兰语都能以地理方位为中心描述空间位置——事实上，我在上一段话中就是这么做的！——但是，母语是这些语言的人非常喜欢以自我为中心描述他们身处环境中物体的空间位置。相比之下，很多说其他语言的人则更愿意用地理方位做参照系。例如，说泽塔尔语——墨西哥的一种玛雅语——的人，很少（如果这么做的话）使用"左"和"右"来表述位置。说泽塔尔语的人不会让对面的人把他们左边的杯子递给自己，而是让对方把他们北边的杯子递给自己。

这种在语言表述上的不同，是使用这些语言的人对空间的思维方式不同引起的吗？为了研究这个问题，莱文森和他的同事比较了说荷兰语的人和说泽塔尔语的人在空间推理上的不同。研究人员在桌子上向受试者展示一张卡片。卡片上有红、蓝两个点，红点在蓝点的左边/北边。然后受试者旋转180度，面对另一张桌子。研究人员要求他们在一组卡片中找出和他们刚才看到的卡片"相同"的卡片。在这些卡片中，一张卡片具有和第一张卡片相同的自我中心位置关系，也就是红点在左，蓝点在右，但南北位置关系不对；另一张卡片具有相同的地理方位中心位置关系，也就是红点在北，蓝点在南，但左右位置关系不对。绝大多数说泽塔尔语的人选择了以地理方位为中心的角度来寻找卡片，绝大多数说荷兰语的人选择了以自我为中心的角度来寻找卡片。基于这些证据，以及其他不少证据，莱文森认为：语言背景习惯以地理方位为中心的人和语言背景习惯以自我为中心的人，在思考空间位置的方式上有着根本性的不同。

然而，这种说法并非无懈可击。首先，说泽塔尔语的人和说荷兰语的人之所以做出不同选择，可能是因为他们在这个实验中对"相同"这个词的解释不同。也许说泽塔尔语的人认为，研究人员让他们找出和第一张卡片地理方位关系一致的卡片；而说荷兰语的人可能认为，研究人员让他们找出和第一张卡片左右关系一致的卡片。更重要的是，有证据表明，说泽塔尔语的人也可以从自我中心的角度思考空间位置。心理学家佩吉·李（Peggy Li）和安娜·帕帕弗拉古（Anna Papafragou）对这种可能性进行了测试。他们向说泽塔尔语的人展示了一些问题，这些问题只能依靠以自我为中心的推理才能解决。他们发现，受试者解决这些问题的熟练程度，与他们使用以地理方位为中心的推理解决问题的熟练程度一样。说泽塔尔语的人可能不使用"左"或者"右"这样以自我为中心的术语来说话，但他们似乎完全能够以自我为中心来思考。

现在让我们转到人类思维的另一个核心领域：对心智能力的思考。可以说，在不同的文化中，我们对心智的看法和我们对空间的看法相比，差异更大。例如，在某些文化中，人们认为死者能够影响生者的思想和行为，而在当代的西方社会中，这种假设并不常见。同样，关于一个人的思想如何能影响另一个人的思想这个问题，不同文化背景下的看法也不尽相同。在当代西方社会，人们普遍认为，一个人只能通过某些知觉渠道（比如，通过和他们说话）影响别人的思维；而在另一些文化中，人们认为，有些人能在没有知觉接触的情况下影响别人的思维。同样，有些文化认为，人类的知觉仅限于来自五种公认的感觉器官；而其他有些文化却认为，有的人能具有超级感官，能够"看到"和"听到"正常的知觉能力感知不到的东西。此外，在一些文化中，人们认为一个人的情绪可能会导致其他人生病。例如，生活在西太平洋岛国密克罗尼西亚联邦

（The Federated States of Micronesia）的伊法利克环礁（Ifalik Atoll）上的人就认为，想念某位亲人会使那位亲人生病。

同时，有证据表明，不同文化中的成员在思考个人与其所处环境的关系时，也存在细微的不同。在20世纪70年代，社会心理学家注意到，大多数人容易过分强调他们的行为受到性格特征——也就是人格的基本特征——的影响，而不愿意将其归因于偶然的环境因素。比如，人们经常认为某个人在面试中紧张，是因为他们的性格中有容易紧张的倾向。但他们却忽视了一个事实：面试本就是一种不寻常的高压环境，即使最镇定的人也会感到紧张。人们总是用性格特征而不是环境因素来解释一个人的行为，这种倾向如此强烈，以至于专门有个词来形容它——基本归因谬误。然而，最近的研究表明，所谓的基本归因谬误恐怕远非基本，并不能概括人类的行为。这种谬误在强调个人自主性的社会中最为明显，而在强调集体行动和遵守社会规范的文化中，这种谬误就不那么强烈——甚至可能完全不存在。

因此，不同文化中的成员，在对心智能力的理解上的确存在差异。然而，这些差异可能只是在跨文化的一致背景下的部分特例。据我们所知，所有人类在解释自己和周围人的行为时，都会诉诸信念、欲望、意图、知觉、情感、记忆以及想象力这些方面。尽管在不同的文化中，儿童掌握这些概念的年龄不同，但到目前为止，还没有发现在哪个社会中的人，在儿童期结束时，没有全面掌握这些概念。至少，在考察了对空间位置的思考和对心智能力的思考这两点后，在物种跨文化一致性这个普遍框架下，思维中的跨文化差异虽然存在，似乎只能算是例外而已。

推理模式

现在，让我们从思考的内容转向思考的模式。某个社会的成员使用的推理模式，有可能在最根本的层面上和另一个社会的成员使用的推理模式完全不同吗？事实上，我们进一步的问题是：某些社会的成员有没有可能根本无法掌握某些推理模式呢？

在人类学历史上，一些重要人物对这个问题做出了肯定的回答。法国人类学家吕西安·莱维-布吕尔[1]在他1910年出版

1　吕西安·莱维-布吕尔（Lucien Lévy-Bruhl, 1857—1939），法国社会学家、哲学家、民族学家，法国社会学年鉴派的重要成员。

的《低级社会中的智力机能》（*Les Fonctions Mentales dans les Sociétés Inférieures*）一书中指出，没有文字系统的民族缺乏逻辑思维的能力，这种社会中的成员"没有能力进行最低程度的抽象推理"。20世纪30年代，苏联心理学家亚历山大·鲁利亚[1]对这些观点进行了验证。他考察了乌兹别克斯坦一群目不识丁的农民，看看他们能否掌握命题之间的逻辑关系。在一组研究中，他告诉农民，在极北地区，所有的熊都是白色的，而北冰洋内的新地岛（Novaya Zemlya）属于极北地区。然后他问这些农民，新地岛上的熊是什么颜色？只有不到30%的农民做出了正确的推理。有些农民回答说，他们不知道熊的颜色。据记录，其中有个农民说："你见过它们，所以你知道；但我没见过它们，我怎么知道？"相比之下，在同一个社会中，受过正规教育的人就可以轻易解决鲁利亚提出的推理问题。

　　鲁利亚由此得出结论，不识字的农民缺乏推理能力。而且，他把这个结论推而广之，认为一个人需要接受正规的学校教育，才能掌握抽象推理能力。现在，虽然我们可以合理地认为，正规教育促进了一个人的抽象推理能力，但鲁利亚的研究

1　亚历山大·鲁利亚（Alexander Romanovich Luria，1902—1977），苏联心理学家、内科医生，神经心理学的创始人。

是否表明那些没有受过正规教育的人就不能进行抽象推理，这一点还不清楚。

在考虑鲁利亚的实验结果时，要记住两点。首先，意识层面的思维十分消耗体力，使人疲劳，特别是在思考一个不熟悉的话题时更是如此。鲁利亚提问的那些农民之所以对那些问题回答得那么糟糕，也许与他们的理解能力有关，但更可能与他们的动机水平有关——他们看不到费劲思考和回答这些和他们的生活没有明显关系的问题有什么好处。其次，正如杰弗里·劳埃德（Geoffrey Lloyd）指出的那样，在大多数文化中，人们之所以提出问题，是因为他们不知道这个问题的答案。鉴于此，人们可能会想，那些农民是不是在听到鲁利亚提出的问题（"新地岛上的熊是什么颜色？"）后，认为鲁利亚对极北地区熊的颜色的确一无所知，进而怀疑到"在极北地区，所有的熊都是白色的"这句断言——这句话在形式上看虽然具有普遍性，但毕竟难以验证。事实上，农民们可能担心，如果他们这么轻易就接受鲁利亚的主张，会让人觉得他们好糊弄。毕竟，他们自己并没有到过极北地区，而鲁利亚也没有提供任何证据来支持他的说法：他们凭什么问都不问就信以为真呢？近年来，对于没有文字的社会，人们在研究其社会成员的推理思维能力时，也考虑到了上述问题。为了解决这些问题，研究人员转变做法，要求受试者通过推理，想象在一个虚拟星球上会发生什么事。他们发现，以这种方式提问，受试者的表现会好得多。这说明，他们在"非假设性"问题上的糟糕表现可以归因于上述那些实用主义因素。而且，这些表现并没有说明他们在最根本的层面上，缺乏"抽象"或者"脱离实际环境"思考的能力。

近年来，关于推理模式的普遍主义和特殊主义之间的争论，重点已经不是在有文字的社会和没有文字的社会之间的对比了，而是在东西方社会之间的对比上。多年来，心理学家理查德·尼斯贝特（Richard Nisbett）和他的合作者一直认为，东亚人（日本人、中国人和韩国人）的思维模式与西方人的思维模式存在显著差异。尼斯贝特和他的同事指出，东亚人倾向于从整体的角度进行思考，而西方人倾向于从分析的角度进行思考。这种观点——东亚人是整体型思维，而西方人是分析型思维——具体是什么意思呢？尼斯贝特和他的同事认为，面对问题时，东亚人往往考虑问题的方方面面，而西方人往往集中考虑问题的关键要素；在面对诸多事物时，东亚人往往根据事物之间的联系将它们归类，而西方人往往根据事物的共同属性将它们归类;在推理思维中,东亚人往往基于相似度进行推理,而西方人往往基于规则进行推理。

尼斯贝特和他的合作者提供了一系列证据来支持这些主张。在一项研究中,研究人员向美国和日本的学生展示了八段彩色动画(图4是一段动画的黑白示意图)。每张图片都包含一些吸引目光的物体——或体积较大,或色彩亮丽,或是快速游动的鱼;同时也包括一些不吸引目光的背景物体,比如岩石、气泡和缓慢移动的动物。在让受试者观看这些图片一段时间后,他们要求受试者说出都看到了什么。尽管美国学生和日

图4 一段动画的示例

本学生提及鱼的次数相同,但日本学生提及背景物体的次数是美国学生的两倍。此外,当日本学生开始描述图片时,他们通常从整体来描述看到的场景——"它看起来像一个池塘";而当美国学生描述图片时,他们通常从吸引目光的物体开始说起:"有一条大鱼,可能是鳟鱼,游到了左边。"

在另一项研究中,研究人员让一些大学生看三个一组的单词,比如"panda"(熊猫)、"monkey"(猴子)以及"banana"(香蕉),然后问他们这三个单词中哪两个关系最密切。一般来说,美国学生会把"熊猫"和"猴子"分在一组,表明他们更喜欢按对象的共同属性把它们分成一类;而东亚学生更愿意把"猴子"和"香蕉"分在一起,表明他们更喜欢按对象之间的关系把它们分成一类。

第三项研究考察了东亚学生和美国学生是如何进行归纳思维的。受试的学生面前有一张屏幕,屏幕底部展示一个目标物体,顶部则有两组物体(参见图5)。然后,研究人员要求学生说出,目标物体与哪一组物体更"相似",或者更"属于"哪一组。

可以用两种方法回答这个问题。如果采用"家族相似性"的方法,受试者可以将目标物体归类到左边的一组花里,因为

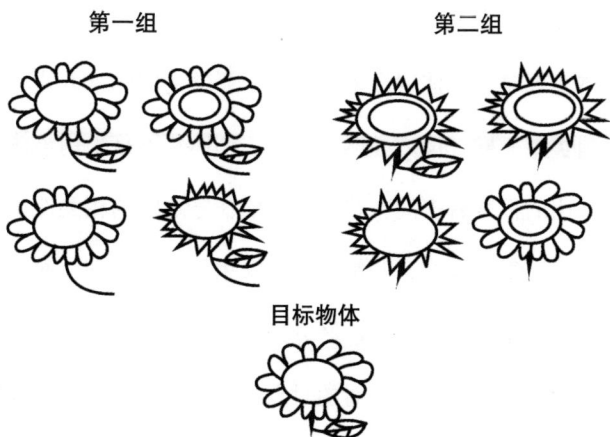

图5 对比:基于"家族相似性"分类和基于"规则"分类

总的来说,目标物体与这些花最像。如果采用基于"规则"的方法,受试者可以将目标物体归类到右边的一组花里,因为目标物体与这些花有一个共同属性:它们的花茎是直的。大多数东亚学生都是按照"家族相似性"来为目标物体分类的,而大多数欧美学生都是基于"规则"对目标物体分类的。(有趣的是,亚裔美国学生的表现介于东亚学生和欧洲裔美国学生之间。)

这些研究当然值得重视,但它们是否真如尼斯贝特所言,表明东方人和西方人"在推理方式上存在本质区别"呢?我们有理由对此持谨慎态度。

首先，"东方人"和"西方人"的思维模式不同，只在对比群体表现时才会体现出来。许多东亚学生的思维方式和典型的美国学生一样，反之亦然。其次，个体是不是采用整体型思维，采用的程度有多高，在各种不同任务之间的相关性很小。换句话说，很多人在某些情况下会采用整体型推理，而在另一些情况下则不然。这表明，区分这两种思维模式本身就是有问题的。再次，这些研究针对的对象都是大学生，而大学生的思考方式可能并不能代表这个社会中大多数成员的思考方式。最后，就东亚学生与美国学生在推理方式的不同而言，这些不同看上去并不是固定的，而且很容易发生逆转。美国学生随时会把"猴子"和"香蕉"配对，而东亚学生也随时会把"猴子"和"熊猫"配对；东亚学生可以按照指示基于"规则"进行分类，美国学生也可以按照指示根据"家族相似性"进行分类。换句话说，即使东亚人和西方人在采用认知策略的优先级上不同，但他们似乎都拥有同样的推理策略可供选择。显而易见，正如本章开头题词中引用的那段话一样，分析论证在中国的思想史上一点儿都不罕见。

语言和思维

特殊主义者和普遍主义者之间的另一个争论焦点，是语言和思维之间的关系。如果真的像许多理论家主张的那样——是语言塑造了思维结构，那么我们就有很好的理由认为，不同文化间的思维模式之所以不同，是因为其所讲的语言明显不同。但是，语言真的塑造了思维结构吗？

在关于思维本质的众多争议中，这个问题也许争议最大。尽管人们普遍承认，掌握一种自然语言对思维模式具有变革性的影响（正如我们在前一章中指出的那样），但对于语言之间的差异是否影响、如何影响以及在多大程度上影响了思维结构，人们却没有普遍的共识。一些理论家认为语言对思维的影响是深远的，而另一些人认为就思维模式而言，语言之间的差异可以忽略不计。就像许多争论一样，真相很可能介于两者之间。

主张语言的结构特征对于思想的形成起着至关重要作用的说法被称为"沃尔夫假说"[1]。它是以人类学家兼语言学家本杰

1　"沃尔夫假说"（Sapir-Whorf hypothesis），又称为"语言相对论"，是关于语言、文化和思维三者关系的重要理论。即在不同文化下，不同语言所具有的结构、意义和使用等方面的差异，在很大程度上影响了使用者的思维方式。

明·沃尔夫（Benjamin Whorf）的名字命名的，他在20世纪中叶发扬光大了这个学说。但直到最近，"沃尔夫假说"才逐渐在认知科学领域中得到了普遍重视。其中一个原因来自两位美国人类学家布伦特·柏林（Brent Berlin）和保罗·凯（Paul Kay）在20世纪60年代进行的一项关于色彩感知差异的跨文化研究。柏林和凯发现，尽管不同语言中描述色彩的词语数量不同，但关于色彩词语的结构方面，在不同文化中似乎都一样。如果一种语言只有两个词语描述颜色，那么这两个词语就是黑色和白色；如果一种语言只有三个词语描述颜色，那么第三个词语总是红色；如果一种语言有三个以上的词语描述颜色，那么多出来的词语将会是绿色、蓝色或者黄色。这表明，如果语言结构和思维结构之间的确存在相互影响的作用，那也是思维结构在影响语言结构，而不是相反。

　　尽管人们普遍认为，这一发现表明思维是独立于语言的，但现在看来，下这个结论可能为时过早。首先，最新的证据表明，色彩感知可能并非完全不受语言的影响。例如，研究发现，说俄语的人比说英语的人对浅蓝和深蓝的感知更强烈。在俄语中，浅蓝和深蓝是用不同的词语表达的；而在英语中，这两种颜色都用蓝色表达，只是明暗程度不同。但也许更重要的是,不能仅仅因为语言对色彩感知没有影响,就认为语言对思维结构没有影响,这显然是不对的。毕竟,如果语言真的对思维结构有什么影响,那么从先天的角度看,这些影响更有可能发生在不稳定的、最新进化出来的心智过程中,而不是发生在稳定的、古老的心智过程中。

也许我们找不出什么好的理由来否认"沃尔夫假说",但我们能找出什么好的理由相信它呢?在一项关于中英文双语使用者对刻板印象的表征研究中,人们发现了一些迹象,说明语言结构塑造了语言使用者的思维结构。实验开始时,研究人员同时使用英文和中文来描述一些人格特征。其中有些可以用一个英文单词表达(比如"artistic""liberal"),但无法对应翻译成一个中文单词;另一些可以用一个中文单词表达,但无法对应翻译成一个英文单词。然后,研究人员把受试者分为两组,一组只阅读英文描述,另一组只阅读中文描述。五天后,研究人员就受试者读到的人格描述内容,来询问他们一些问题。结果显示,对于可以用一个单词描述的人格特征,受试者记得更牢,做出的推论也更多。换句话说,他们阅读的人格描述是由哪种语言写成的,对于激活哪种刻板印象是有影响的。

关于语言对思维有影响的进一步证据来自数学认知领域

的研究。其中一组研究探讨了一种语言中的数字词语对于儿童获得数学能力的速度是否有影响。有人认为,比起说中文的儿童,说英语的儿童学习从10数到20更困难。这是因为在中文里,这段数字的发音和英语相比更有规律〔例如,11(eleven)在中文里读作"十一"〕。其他研究发现,在同时说威尔士语和英语的儿童中,他们用英语做计算时的水平比用威尔士语做计算时高。这一发现也许可以解释为,威尔士语中的数字词语比英语中的数字词语长。

但语言对数学思维最深远的影响,也许在于数学词语的丰富程度。正如我们在前一章指出的那样,许多非人类物种可以用近似的方式表征数学关系;因此,在数学词语贫乏的社会中也存在这种能力,就不足为奇了。但令人惊讶的是,使用这些语言的人似乎没有能力准确地思考数字关系。对亚马孙流域的毗拉哈语(Pirahã)和蒙杜鲁库语(Mundurukú)的研究为我们提供了证据。在蒙杜鲁库语中,没有表示5以上整数的词语,而在毗拉哈语中,甚至没有表示数字1或者2的词语。在这些语言中缺乏数字词语,使得这些人对数学关系的把握出奇地差。例如,说蒙杜鲁库语的人似乎无法分辨从6个物品中减去4个,是会剩下2个物品、1个物品,还是什么都不剩。虽然这里的数据还有些模糊，但这项研究表明，以精确的方式进行数学关系推理，恐怕需要掌握数字词语。

上面这些论述能让我们得出什么结论呢？从根本上讲，人类的思维模式到底是在任何时间、任何地点都是相同的（如普遍主义者所主张的那样），还是在不同的文化背景下，思维的本质在某些重要方面是不同的（如特殊主义者所主张的那样）呢？

一方面，答案取决于一个人的视角。当我们考虑自己的基本认知能力时——比如判断命题之间的逻辑关系，或者根据事物之间的关系或共有属性对事物进行分类——普遍主义的解释似乎是最合理的。虽然有证据表明，不同社会的成员有可能更愿意使用某种推理模式，但没有证据表明，一个社会的成员所使用的推理模式超出了另一个社会成员的理解范围。

另一方面，毫无疑问，不同社会成员的思考范围是不同的。正如我们在前面看到的那样，社会中的数字词汇对于其成员的数学能力有着深远的影响。但词汇并不是扩展思维范围的唯一工具，因为人类的思维是通过多种方式构筑的。人们的思维模式受到所传承的文化习惯的影响。比如用手指来归类和数数，或者要一次记下许多事情时，有人会想象把它们依次放在自己家中的房间里。思维模式会受到社会体系的限制，比如学校、科学团体和出版社；思维模式还受到各种人工制品的限制，比如六分仪、计算尺和智能手机。因此，即使从根本上说，人类的基本认知能力从一个社会到另一个社会是一致的，但一个社会成员的思维模式可能和另一个社会成员的思维模式相差很大。因为对认知领域的把握不仅取决于一个人的基本认知能力，还取决于这些能力的构筑方式，而这些思维模式的构筑方式，在各个地方都不一样。

第六章

出错的思维

"你，一个数学家……怎么能相信外星人正在给你发送消息呢？"

"因为，我的有关超自然生物的想法出现在我脑海里的方式，是和我的数学思想一样的，所以我会认真对待。"

——西尔维娅·娜萨（Sylvia Nasar）

《美丽心灵》（*A Beautiful Mind*）

与身体的其他器官一样，负责思维的器官也会崩溃、失灵。这样的损伤通常会导致妄想症，即病理性的思维异常。虽然人们相对而言较容易识别出妄想，但要界定妄想的类别却不容易。美国精神医学协会（American Psychiatric Association）将妄想定义为："基于对外部现实错误推断所产生的不正确信念。不管别人怎么想，也不管有什么无可争议或明显的反证，这种信念都不会动摇。"虽然这个定义有很多问题——妄想不一定是不正确的信念，也不一定与"外部现实"有关——但它确实抓住了妄想的本质特征："与现实脱节。"

妄想给研究思维的人出了不少难题。妄想是什么类型的思维？我们该如何解释妄想？关于思维的结构，如果妄想和正常思维有什么不同的话，它能告诉我们些什么呢？在本章中，我们无法对这些问题提供详细的答案，但我们会指出，在哪里可能找到答案。

妄想的本质

妄想可以有多种形式。有些妄想症患者得的是单主题妄想症（Monothematic delusion），因为患者的妄想仅限于某个单一主题。很多单主题妄想症的特点都体现在其怪异的妄想内容。例如，卡普格拉妄想症（Capgras delusion）的特点就是认为自己身边的某个人（通常是家庭成员）是假冒的，不是他们自称的那个人。科塔尔妄想症（Cotard delusion）的特点是相信自己的身体正在腐烂，在极端情况下甚至认为自己已经死了。在关于精神分裂症的各种症状中，排在前两位的症状是这两种妄想：一种是觉得自己的行为受到其他东西控制（外星人控制妄想），另一种是觉得自己被其他东西植入了思想（思想植入妄想）。还有的单主题妄想的内容相对平常一些，比如认为自己的配偶不忠，或者相信自己被邻居或政府迫害。

多主题妄想症（Polythematic delusion）和单主题妄想症不同，这种妄想症并不局限在一个主题上，而是包含多个主题。病例德国高等法院法官丹尼尔·史瑞伯（Daniel Schreber）就是多主题妄想症的经典例子。史瑞伯的一系列妄想包括：相信上帝正在把他变成一个女人；相信上帝向他发光，在他身上施行神迹；相信上帝派小鬼折磨他。更近期的多主题妄想症例子包括普林斯顿大学的数学教授约翰·纳什[1]。他的妄想包括：相信自己是南极洲的皇帝，相信自己是上帝的左脚，相信外星人通过《纽约时报》（*New York Times*）给他发送加密信息，

---

[1]　约翰·纳什（John Nash，1928—2015），提出纳什均衡概念和均衡存在定理，是著名数学家、经济学家，也是《美丽心灵》一书（也有同名电影）中男主角的原型，普林斯顿大学数学系教授。他与另外两位数学家在非合作博弈的均衡分析理论方面做出了开创性的贡献，对博弈论和经济学产生了重大影响，获得1994年诺贝尔经济学奖。

相信任何系着红色领带的男人都是国际共产主义地下组织的成员。

妄想也是一种思想，但它们是一种怎样的思想呢？对于妄想的内容和妄想的态度，我们都有问题要问。让我们先从妄想的内容开始说起。

在某些情况下（例如偏执型妄想症），妄想的内容相当清楚。一个说自己正在被政府特工跟踪的人可能完全相信自己说的是真话。但在另一些情况下，很难知道妄想的内容——如果真有内容的话——到底是什么。想想约翰·纳什自称是上帝的左脚这件事吧，这种说法到底是什么意思？是一个隐喻吗？如果是，那它隐喻了什么呢？或者再看看另一位患者的说法，她相信自己的母亲每次戴上眼镜后就会变成另一个人。同样，我们根本不清楚这种断言背后的思想内容是什么。我们也许可以为这些想法赋予某种意义，但这已经接近我们理解范围的极限了。在某些情况下，妄想者的表达可能只是在试图传达某个意味不明、内容非常模糊的想法；但在另一些情况下，妄想可能只是空洞的言语，背后根本没有内在的思想。

那么，妄想的态度部分又如何呢？妄想到底是什么类型的想法？标准的回答是，妄想就是信念。然而，精神病学家长期以来一直对这种说法持保留态度，认为妄想并不是信念（doxastic[1]）。把妄想看作信念，这种说法在很多方面都存在问题，这当中最直接的反对意见也许就是：妄想往往产生不了信念应该产生的那种行为和情感反应。正如瑞士的精神病学家欧根·布卢勒（Eugen Bleuler）指出的那样，我们经常会见到，对于那些得了妄想症的人来说，他们的表现似乎说明，他们的妄想言论"只是说说而已"。例如，一个自称是拿破仑的病人在接到上床睡觉的命令时，可能感觉很高兴。

但是，如果妄想不是信念，那它是什么呢？人们有时认为，妄想是一种意味不明的心智状态。也许那个声称自己是拿破仑的病人并不真的相信自己是拿破仑，而只是在想象，在假装自己是拿破仑。我们应该如何理解这个解释呢？

我们当然应该承认，有些妄想可能源于虚构。例如，一段嫉妒型妄想可能开始于"仅仅想到"自己的配偶有外遇。在这个时候，患者可能并不相信这种想法——这种想法只是猜想，而且本来也是如此。但是，说一种妄想可能源于一种意味不明的心智状态，并不是说它会一直保持这种状态。因为一旦

1　"doxastic"一词来源于古希腊语的"doxa"，意思是"信仰"或者"主张"。

产生了这种妄想，它就会生根发芽，变成一种"真实"的可能性。而且，随着时间的推移，这种妄想会变成坚定的信念，"不管别人怎么想，这种信念都不会动摇"。

而且，有些妄想确实具有信念的本质特征。法国精神病学家朱尔斯·科塔尔（Jules Cotard）——科塔尔妄想症就是以他的名字命名的——报告说，他的一位患者不仅声称自己已经死亡，而且还躺在棺材里，要求别人埋了他。同样，目前已知，某些卡普格拉妄想症的患者会攻击家人，因为他们认为他们的家人被另一个人冒充或取代。事实上，妄想症会带来致命的后果。在一个案例中，一名男子产生妄想，认为自己有两个脑袋，其中一个是他已故妻子的妇科大夫的脑袋。这名病人试图开枪摘除第二颗脑袋，行动失败后被送进了精神病院。如果可以从一个人的行为看出他的信念的话，那么毫无疑问，这个病人确实相信自己有两颗脑袋。

对于妄想的解释

在前文中，我们在不考虑对思想的分类方法、也没有明确的思想内容和思想态度的情况下，讨论该如何定义妄想。下面，我们转入另一个问题：如何解释妄想？为什么有人会在面对与他们认定的事实有明显相反的证据时，依然相信他们的邻居在迫害他们，依然相信他们的妻子是假冒的，或者依然相信上帝在他们的头脑中植入了思想呢？

对于人会产生某种想法的原因，目前有两种解释。一种是纯粹的因果解释（或者称为"生理上的解释"），用来说明一个人为什么会产生某种想法。如果用来解释妄想，人们可以把它归因于这个人受过某种类型的脑损伤，或者他的某种神经递质水平异常。神经精神病学开始用这种方法解释某些类型的妄想——比如有证据表明，妄想与大脑右额叶损伤有关；还有，某些精神分裂症患者的妄想可能与多巴胺水平异常有关——但是，距离我们完全用因果关系解释所有妄想还有一段路程。

与这种纯粹的因果关系解释不同，还有一种解释叫"合理化解释"（Rationalizing Explanations）——从产生这个想法的人的角度出发，找出他这种想法可以被人理解的原因。如果对妄想采用合理化解释,不仅能解释妄想的原因,还能提供理由,使我们理解为什么这个人会对这个妄想深信不疑。那么,对于妄想,有没有可能采用合理化解释呢?

精神病学历史上的各种权威声音表明,对这个问题的回答可能是否定的。精神病学家卡尔·雅斯贝尔斯[1]在他的不朽著作《普通精神病理学》(*General Psychopathology*)中声称,我们有两种心智活动,二者之间存在巨大的差别:"一种是我们可以凭借直觉理解的心智活动。还有一种是我们理解不了的、以它自己的方式运行的心智活动;这种心智活动是完全扭曲的,是精神分裂的心智活动。"我们有充分的理由认真看待雅斯贝尔斯的观点。毕竟,我们并不清楚,想法是不是总能被人理解。也许有些想法注定只能用纯粹的因果或者"生理上的"原因来解释。然而,尽管不能保证可以用合理化解释来解释妄想,但我们完全有理由去寻求这样的解释。这是因为,如果我们找到了对妄想的合理化解释,就可以在妄想和非妄想的信念之间架起一座桥梁,我们就可以把妄想归类到"正常的"

---

[1] 卡尔·西奥多·雅斯贝尔斯(Karl Theodor Jaspers,1883—1969),德国存在主义哲学家、神学家、精神病学家。雅斯贝尔斯主要探讨内在自我的现象学描述,自我分析及自我考察等问题。他强调每个人存在的独特性和自由性。

思维形式中，放在这个连续统一体中的某一点上，而不用把妄想看成是和正常思维形式有着本质区别的思维了。

那么，对于妄想的合理化解释应该是什么样的呢？什么样的心理过程可以对一个人在面对"无可争议或明显的反证"时依然会形成某种信念的现象做出解释呢？

一种可能性是，产生某些妄想是有动机驱动的。我们当然知道，动机因素对信念的形成有着深刻的影响；它不仅会影响我们寻找的证据类型，还会影响我们评估已有证据的方式。我们可以在自我欺骗这种心理现象中看到动机因素的影响。然而，在通常情况下，我们大多数人对心里冒出来的自我欺骗倾向都会有所警觉。而当这种警觉不在时，妄想——或者至少是某些类型的妄想——就可能出现。

很明显，在某些妄想的形成过程中，动机因素起了作用。关于动机因素起作用最明显的例子似乎是钟情妄想（Erotomania）。钟情妄想又称克雷宏波综合征，这类患者确信某位社会地位较高的人暗地里爱上了自己。关于动机因素起作用不太明显的例子是迫害妄想。心理学家理查·班托（Richard Bentall）和他的合作伙伴采用动机因素解释迫害妄想，他们的说法很有影响力。根据他们的说法，这类患者之所以产生迫害妄想,是为了保护自我概念不受某种感知到的威胁的影响。要理解这个说法,我们要先阐明一个问题:在解释一个事件时,可以有两种不同的方法。一种是外化解释,也就是在外部或者环境因素中寻找原因。例如,一个人可以用面试过程不公平来解释自己为什么没有得到这份工作。另一种是内化解释,也就是从自身以及自己的性格特质中寻找原因。例如,一个人可以用自己不够格来解释自己为什么没有得到这份工作。那这种区别与解释迫害妄想有什么关系呢? 关系是这样的:当面对一件需要解释的事情时,一个自我概念易受伤害的人会非常喜欢采用外化解释("我运乖时蹇")而忽视内化解释("我不胜其任"),因为内化解释可能会威胁到他们原本就脆弱的自尊。如果走到极端,我们就可以看得出,这种倾向是如何形成迫害妄想的。我们认为这种解释属于合理化解释,不是因为它指出迫害妄想是基于真凭实据的,而是因为它指出,迫害妄想是建立在我们熟悉的、可以理解的心理动机之上的,即保护自我概念不受外部威胁的心理动机。

对于迫害妄想,我们也许可以提供上面的那种合理化解释,但还有许多妄想似乎与动机因素无关。在解释妄想时,我们还能诉诸哪些其他的合理化解释呢?

美国精神病学家布伦丹·马厄（Brendan Maher）认为，可以把妄想看作患者建立的"理论"，用来为他们的各种反常体验赋予意义和秩序。事实上，可能有两种方式的反常体验会导致妄想。一种导致妄想的反常体验被称为"妄想情绪"。精神病学家卡尔·雅斯贝尔斯将他所谓的"原发性妄想"（Primary delusion）描述为"模糊的妄想体验与弥漫的、令人困惑的自我参照之间的模糊结晶"。在妄想情绪的一些临床表现中，患者可能会体验到某些物体——比如一张桌子、一段话、花瓶里花的摆放方式——对他来说有某种程度上的个人意义，而实际上这种意义是不存在的。在妄想情绪的另一些临床表现中，患者可能会抱怨说他们无法再理解事物的意义了。他们可能会说，他们感到与世界疏离，或者他们无法理解事物之间的关系。这种体验——患者经常难以表达其中的内容——会导致多主题妄想症，这是因为患者试图在混乱的体验中找出一些意义。

多主题妄想症经常来源于一般性的妄想情绪，而单主题妄想症则可能来自特定的反常体验。这方面的最佳理论是神经心理学家海登·艾利斯（Hayden Ellis）和安德鲁·杨（Andrew Young）关于卡普格拉妄想症的解释。艾利斯和杨着手建立了一套完善的人脸识别模型。根据这个模型，视觉系统可以使用两条通道处理看到的人脸信息。一个通道是"语义"通道，生成这张脸的身份信息；另一个通道是"情感"通道，生成情感反应——所谓对家人产生的"熟悉的感觉"。艾利斯和杨提出假说，认为卡普格拉妄想症是情感通道损坏导致的。虽然患者能够认出家人的面孔，但认出来以后，并没有伴随出现正常的熟悉的感觉。病人为了解释这种反常体验，形成了一种信念：他们看到的人不是他们真正的那位家人，而是一个冒名顶替的人。人们发现，卡普格拉妄想症患者对熟悉面孔所产生的生理反应水平异常低下。这一点证实了这个模型是正确的。

另一种基于反常体验的解释是针对外星人控制妄想的，这种解释很有说服力。外星人控制妄想症是指患者认为自己被外星人控制了。这个解释是由心理学家克里斯·弗里斯（Chris Frith）和他的同事提出的。他们认为，当你移动自己的肢体时会激活一个模式，正常的大脑允许你的运动系统预测自己行动时会产生什么感觉。例如，这个系统可以预测出，当你移动手的时候会有什么感觉。由于有了这些预测，人对自己的行动产生的感觉就不会那么强烈，比别人或者别的东西移动你的手时产生的感觉要微弱。（这也解释了为什么自己很难对自己挠痒痒。）然而，有证据表明，在外星人控制妄想症患者的身上，这种模式受损，导致这些人分辨不出自己的行动和别人的行动对他们造成的感觉之间的区别。也就是说，外星人控制妄想症患者对这两种行动感觉的强度完全一样。（这一理论预测，外星人控制妄想症患者可以对自己挠痒痒。事实也证明了这一点。）那么，这一切是如何解释外星人控制这种妄想的呢？具体的解释是这样的：因为患者对自身行动时的感觉不会像正常情况下那样减弱，所以这些行动感觉上像是在外力的控制下进行的。这就难怪患者会相信他们的行动确实受到了其他因素的控制了。这些奇怪的体验深深地困扰着他们，而这种信念似乎赋予了这些体验某种意义。

从体验到信念

反常体验似乎在某些妄想的形成中扮演了重要角色，但我们有理由认为，单凭反常体验这一条，无法全面解释妄想。一方面，有许多妄想——比如相信自己是上帝的左脚——似乎没有任何反常体验作为基础；另一方面，即使某种妄想是建立在反常体验上的，这种反常体验的内容和妄想的内容也总是存在某种差距：看到自己的妻子时产生反常体验，和认为自己的妻子是假冒的，这是两回事。我们需要解释为什么患者会用他们自己的方式（"我的妻子是假冒的"）来解释他们的反常体验，并拒绝朋友、家人和医务人员提供的似乎更合理的解释（"你因为中风导致视觉系统受到损害"）。那么，如果不诉诸反常体验，还可以用什么因素来解释妄想呢？

有人提出过一个解释妄想的可能因素可供讨论。不妨考虑，当一个人的感官证据与他的背景信念相冲突时会发生什么情况。例如，有人可能坚信所有的鸭子都会游泳，结果却遇到了一只看起来不会游泳的鸭子。他应该怎么做？他是应该放弃所有鸭子都会游泳的信念，还是应该断定是自己的感官在欺骗自己（就像感官有时的确会做的那样），并坚信尽管看到的动物看起来像鸭子，但它其实不是鸭子？在调节感官证据和背景信念的关系时，并没有什么整体策略来指导一个人的做法。在某些情况下，人应该接受感官证据，修改先前的信念；而在另一些情况下，他应该坚持背景信念并得出结论——他的感官在欺骗他。此外，还有一些情况，他最恰当的做法就是不下结论，直到有进一步的信息为止。

　　这个因素是如何解释妄想的呢？托尼·斯通（Tony Stone）和安德鲁·杨提出，一般来讲，妄想症患者更愿意相信"观察到的证据"，而不是坚持背景信念。然而，对于没有患妄想症的人来讲，当他们面对和妄想症患者同样的反常体验时，他们可能会得出结论，认为是他们的感官欺骗了他们；而妄想症患者在这时则往往更相信他们当时的体验，从而比那些没有得妄想症的人更愿意修改他们的背景信念。

　　另一个解释妄想的可能因素是在信念形成过程中的一种偏好，称为"贸然断定"偏好。在一些研究中，人们研究了信念形成的过程。研究人员给受试者两只罐子，分别标记为A和B。每只罐子里都有一定比例的红、蓝珠子。例如，A罐中红、蓝珠子的比例可能是7∶2，B罐中的比例正好相反。然后，研究人员给受试者看了一些珠子，告诉他们这些珠子是从罐子里取出来的——具体从哪个罐子里取珠子，由研究人员自行决定——然后让受试者猜测，这些珠子是从哪个罐子里取出来的。研究人员发现，妄想症患者通常比没有得妄想症的人猜得要快，而且往往对自己的猜测更有把握。换句话说，妄想症患者似乎急于下结论，容易"贸然断定"；他们接受一个假设需要的证据比没有得妄想症的人要少。

这两个不诉诸反常体验而诉诸"第二类因素"的解释都有自己的问题。首先，一般来讲，妄想症患者更愿意相信观察到的证据而不是背景信念，那么我们有理由认为，他们会经常被感知上的错觉欺骗。但并没有证据证明这一点。其次，如果我们用"贸然断定"这个偏好来解释妄想，那么为什么在有证据表明妄想是错误的时候，妄想症患者不会急于从妄想的信念跳到非妄想的信念上去呢？至少，采用"贸然断定"的偏好解释妄想时，还要加上一个妄想为什么如此根深蒂固的说明，这种解释才说得通。而事实上，对于相反的证据，妄想症患者是高度抗拒的。

不采用反常体验而是诉诸"第二类因素"解释妄想对我们提出了非常大的挑战，不过这也许并不令人惊讶。因为提出这个问题时的限定条件，使我们几乎没有什么回旋余地。让我解释一下这个说法。一方面，因为信念的形成在本质上是整体性的，所以我们找到的这个"第二类因素"必须适用于所有信念的形成过程（而不能只适用于特定的信念领域）。但是，如果我们找到的这个"第二类因素"适用于所有的信念领域，那么我们有理由认为，它会影响患者的所有信念；换句话说，我们有理由认为，患者对所有领域的话题都会产生妄想。然而，从定义上讲，单主题妄想症是局限在一个特定主题中的妄想。单主题妄想症患者的信念与多主题妄想症患者的信念不同，他们的妄想并不是覆盖所有领域的。因此，在这个意义上，我们为单主题妄想症寻找合理化解释时遇到的挑战，会比我们为多主题妄想症寻找合理化解释时遇到的挑战更尖锐。

从妄想症中能学到什么

通过对妄想症的研究，我们从一般思维的本质中能够学到些什么呢？我们首先学到的就是前面提到过的那个挑战，即，如何按照我们普通的"民间心理学"借助思维的概念来定义妄想。我们已经知道，对于妄想的内容和妄想的态度，我们可以提出合理的问题；但是，我们遇到的挑战并不仅仅是找出妄想的内容，或者找出妄想症患者对自己妄想的态度。我们遇到的挑战其实是，我们可能根本就找不到精确的内容和态度来定义一个妄想。但民间心理学对思维的概念——也是我们对思维的唯一概念——要求一个想法必须有明确的内容和态度。所以，为了容纳某些妄想，就可能要对这个框架做出根本性的修改。

我们学到的第二点来自解释妄想时遇到的挑战。尽管动机因素和反常体验在某些类型的妄想形成时起到了作用，但我们离能够全面解释妄想的形成原因还有很长的路要走。在很大程度上，我们的问题在于，并没有一个好的模型来解释非病态的信念是如何形成的。我们知道，信念的形成涉及世界背景知识和知觉输入之间的相互作用，但我们对这种相互作用的本质知之甚少。例如，我们不知道这种相互作用是在所有领域内都一样，还是在不同领域有不同的表现；我们也不知道它们是如何平衡的，什么时候以知觉数据为准，什么时候以背景知识为准。正因为我们对正常信念的形成知之甚少，所以我们也难以说得清它们为什么会出错。

在结束这一章前，让我们最后再进行一次反思。人们问约翰·纳什，他的妄想是如何产生的，他回答说，对于自己的妄想，他是认真对待的，因为它们"出现在我的脑海里的方式，是和我的数学思想一样的"。在妄想症患者写下的文字中，我们经常能看到这种说法，妄想产生时好像伴随着一种鲜明的直觉。这些说法对于理解思维和情感之间的关系有着深刻的意义。有些想法的基础可能仅仅是情感上的认同：这种想法"感觉上就是对的"。这就好像有一种人格层面之下的潜在机制，追踪各种想法是否可信。它在一些想法上贴上"可信"的情感标签，在另一些想法上贴上了"不可信"的情感标签。我们在意识层面可以识别在这个过程中贴上的标签，但我们不知道为什么某些想法会被贴上某种标签。也许妄想的产生就是因为在贴标签的过程中出错了，不应该相信的想法——"我是南极洲的皇帝"——被贴上了可信的标签，就像给深刻的数学见解贴上可信的标签一样。从患者的角度讲，这个想法"感觉上就是对的"，而把它交给审查机制进行审视的建议，本身就是荒谬绝伦的。

第七章

思维的伦理学

　　许多人宁死也不愿意思考；事实上，他们就是这样做的。

——伯特兰·罗素[1]

　　对于我们的一些行为，我们要承担道德上的责任。比如，我们会赞扬某人慷慨无私，也会责怪某人不顾及他人的感受。可我们的另外一些行为，却不属于在道德上可以合理追究责任的范畴。比如，我们不会赞扬某人能睡个好觉，也不会责怪某人消化不良。那么，我们的思维活动属于哪种类型的行为呢？

1　伯特兰·阿瑟·威廉·罗素（Bertrand Arthur William Russell，1872—1970），英国哲学家、数学家、逻辑学家、历史学家、文学家，分析哲学的主要创始人，世界和平运动的倡导者和组织者；1950年获得诺贝尔文学奖，主要作品有《西方哲学史》《哲学问题》《心的分析》《物的分析》等。

对一个人的思维活动追究责任，这合理吗？还是说思维活动类似睡觉和消化，是一种我们不用承担道德责任的活动呢？

显而易见，并非所有的思维活动都属于道德范畴。如果一个精神失常的病人把医生当作是乔装改扮的敌军士兵，他们在道德上并不需要为这一想法负责。问题不在于我们是否总要对自己的思维活动负责，而在于我们能不能对自己的思维活动负责。如果我们确实对自己的思维活动负有某种程度的道德责任，那接下来的问题就是：我们在什么条件下需要负责，以及我们应该如何负起这种责任。正如我们将要看到的那样，探讨这些问题会把我们引入一座晦涩难解的迷宫之中，而它正是思维的本质核心所在。

思维控制

让我们从这一章题词中伯特兰·罗素的那句话开始吧："许多人宁死也不愿意思考；事实上，他们就是这样做的。"罗素这句话的意义在于区分了两种不同类型的思维活动。正如我们在第一章中提到的那样，思维活动有时是被动的。就像一个人可能发现自己正在发烧一样，一个人也可能发现自己正在纠结生命短暂这个想法，或者刚好想到自己弄丢了钥匙。但罗素关注的并不是这种意义上的思维活动，而是那些在某种程度上可以控制的思维活动。换句话说，罗素的兴趣在于"思考"（thinking）。但是我们对"思考"究竟有多大的控制力呢？

我们可以用不同的方法控制思考。在某些情况下，可以用规则或算法来控制思考。例如，想一想从100开始连续倒着做减3运算。在执行这个任务的时候，我们需要保持专注，不能分心，这样才能用这个算法数下去。不过，从很多方面来说，从100开始倒数并不是一种寻常的思维活动，大多数受控的思考也并没有这类算法。假如我问你：为什么民主国家一般不愿对其他民主国家发动战争？如果你从未想过这个问题，那你可能就需要思考一下。这当中涉及的过程究竟包括什么？如果你的思考过程和我的一样，那你就会问自己这个问题，然后等待大脑想出答案。有时候你什么也想不出来，也就回答不了这个问题；而有些时候，你的潜意识里会冒出一些答案。不管是哪种情况，都没有一种规则或算法可以让人有意识地遵循，从而产生所需要的思维活动。

总的来说，除了问自己问题，然后等待潜意识寻找答案，思考并没有更多的复杂之处。在这种情况下，人的意识似乎只是扮演了看守者的角色，其职责就是确保思维不会偏离主题。然而，正如心理学家乔纳森·斯库勒（Jonathan Schooler）记录的那样，我们控制思维不去"开小差"的本事出奇地差。在一项研究中，斯库勒要求参与实验的受试者阅读一篇文章，同时让他们监控自己什么时候"开小差"了。每隔一段随机的时间，研究人员会询问受试者，看他们是在"开小差"还是在按照指示阅读文章。斯库勒发现，受试者在本该阅读文章的时候往往会"开小差"。更令人惊讶的是，这些受试者常常并未意识到自己"开小差"了，直到被询问时才醒悟！

我们不仅不善于让自己专注于某项特定的任务，而且有证据表明，试图控制思考的方向往往会适得其反。在一项著名的研究中，心理学家丹尼尔·韦格纳（Daniel Wegner）和他的同事要求受试者在五分钟内不要想到白熊。他们发现，相比于那些接受指令要求去想白熊的受试者，这些接收到不要去想白熊指令的受试者想到白熊的次数反而更多。换句话说，故意压制某个想法只会适得其反。韦格纳给这种现象起了个绰号，叫作"对思维控制的反讽"（ironic control of thought）。在研究中，他们发现这一现象与各种病理性的思维异常有着明显的关联，例如强迫症。因此，尽管我们在意识层面可以对我们的思考方向加以控制，但我们所施加的这种控制实际上非常有限。如果我们对自己思考方向的控制力相对很小，那么从这个意义上讲，也许我们对自己的思维结果也只能负相对很小的道德责任。

信念唯意志论

刚才讨论的是我们对于一般性的思维有什么控制能力，现在，我们转向更具体的领域，即，我们对于信念有什么控制能力。主张"信念唯意志论"（Doxastic voluntarism）的人声称，我们在某种程度上可以直接控制自己信念的形成。很少有信念唯意志论者声称，一个人对自己信念的控制是无条件的——这个观点太难以让人相信了，因为很明显，一个人不可能想信什么就信什么。［尽管在刘易斯·卡罗尔（Lewis Carroll）的《爱丽丝镜中奇遇记》中，白皇后可以在早餐前相信六件不可能的事情，但那是我们很少有人能做到的壮举。］相反，大部分信念唯意志论者只是主张，我们只能在一定程度上控制自己是否接受那些命题——那些依靠已掌握的证据难辨真假的、对我们"开放"的命题。

　　我们之所以要认真对待信念唯意志论，一个重要原因就是，知觉和信念之间存在明显的差距。尽管一个人可以在一定程度上控制自己向哪个方向看，但如果他正在看某个特定物体，那他几乎左右不了自己看到的是什么。从这个意义上讲，人的知觉是被动的——它是外界加在我们身上的事物。而同样从这个意义上讲，思维似乎并不是被动的。用康德的话来说，思维似乎是"自发的"。假设一个和你关系很近的朋友被指控犯罪。对那位朋友不利的证据虽然不算万分确凿，但也有理有据。与此同时，这位朋友声称她是无辜的，了解她为人的人往往倾向于相信她说的是实话。在这种情况下，我们难道不会说自己正在"决定"自己要相信什么吗？

　　也许你的判断没错，但这些事情很难说清楚。在上述那些情况下，我们可能会说一些结论性的话，但信念的形成也很少（如果有的话）是我们凭借过去的经验选择的结果。我们真的感觉自己能决定是否相信一位朋友是无辜的吗？至少对我来说不是。相反，在我看来，一个人似乎只是发现自己对这件事有了某种看法。如前面的例子，无外乎三种结果：也许我们发现自己被对她不利的证据说服了，或者我们相信她说的一定是真话，或者我们不确定该相信什么。但无论是哪种可能性，信念的形成过程中似乎不包含那种能让我们抬起胳膊或睁开眼睛的那类意志的行为。

另一个不利于信念唯意志论的标志是，那些通常能激励决策过程的因素似乎对信念的形成过程没有任何影响。我可以送你一张票，激励你去看我写的戏剧，但我无法以同样的方式激励你相信这是一部好的戏剧。这并不是要否认动机因素会影响信念的形成，不过，这些因素只有在不被意识关注的情况下才会发生作用——它们不像金钱或物质上的激励那样直接。一个人改变信念，不是出于谨慎起见。他关注的不是自己形成相关信念后能得到什么好处，而是从证据来看，他形成的信念是对是错。

然而，尽管我们可能无法直接控制信念的形成，但我们确实有间接的手段来控制我们的信念。例如，我们可以批判性地评估那些呈现在我们面前的潜在信念。我们可以退后一步，不急于相信某些看似合理的主张，而是追问那些有利的证据是否像看上去那样有说服力。我们可以探索我们所处的环境，找到新的关注点，找到我们一直忽略的话题，从而获得新的信念。知觉是关于这种能力的一个简单例子。例如，一个人用知觉探索一个物体，比如看它或者闻它，这可以把他的信念形成机制置于知觉的有效控制之下。当一个人读报纸的时候也会发生同样的事情。不过在这种情况下，人们要形成的信念并不是他看到了什么，而是是否相信报纸上报道的东西。通过选择自己接触的信息，一个人就在某种程度上间接地控制了自己对世界的概念。

要真理还是要结果

我们刚才讨论的对于信念控制力的强弱问题，并没有引起什么争议；但对于信念控制的形式问题，却存在很多争议。我们看一下布莱瑟·帕斯卡那个著名的关于上帝存在的赌注论证。帕斯卡认为，不管有没有证据，每个人都应该相信上帝的存在。因为——简单来讲——不管上帝是否存在，从成本—效益分析的角度讲，相信上帝存在的人都会比不相信上帝存在的人收益更大。我们在这里不关心帕斯卡论证的细节，也不关心一个人如何在没有证据的情况下确立自己的信念；我们关心的是，帕斯卡建议的这种行为是否存在道德问题。当人们试图相信一个缺乏证据的命题时，是否在道德上是错误的——或者至少在道德上是"不真诚"的？

维多利亚时代的哲学家威廉·克利福德[1]就是这么认为的。克利福德在他的《信念的伦理》（*The Ethics of Belief*）一文中提出，合理信念的形成过程应该包括充分的证据。克利福德在文章开头讲了一个船主的故事。这位船主"真心实意地相信"他的船是安全的——尽管有充分的证据证明并不是这样。结果船沉了，船上所有人都死了。克利福德声称，船主对这些人的死负有责任，因为他没有权利相信船是安全的。克利福德从这个故事中得出一个普遍的道德准则。他说："任何地方、任何时候、任何人，如果在没有充分证据的情况下相信任何事情，在道德上都是错误的。"

人们把这个故事称为"克利福德寓言"，它在直觉上很有吸引力。正像这个故事中粗心大意的船主向我们证明的那样，信念会带来后果，而错误的信念会带来灾难性的后果。如果克利福德晚一个世纪写这篇文章，他讲的寓言中可能会写到因种

---

1 威廉·金顿·克利福德（William Kingdon Clifford，1845—1879），英国数学家兼科学哲学家。他和赫尔曼·格拉斯曼发明了现在称为几何代数的范畴。数学物理上的克利福德代数是以他的名字命名的。

族优越、宗教优越，或者政党优越而带来的某些后果。但是，尽管"克利福德寓言"看上去很有道理，但也有许多令人费解的地方。什么是"充分证据"？我们在收集"充分证据"方面有什么义务？基于不充分的证据而相信一些事情，为什么在道德上是错误的？

克利福德从来没有定义过什么是"充分证据"，理由也许很充分：因为这么做非常困难。然而，尽管缺乏对这个概念公认的定义，但我们可以把"充分证据"等同于那类能够说服通情达理、不偏不倚的陪审团的证据。如果我们按照"合理的证据"来理解克利福德的寓言，那么它有多少说服力呢？

看上去，它并没有多少说服力。正如美国哲学家彼得·范·因瓦根（Peter van Inwagen）指出的那样，接受这一版本的"克利福德寓言"，会使我们的许多信念遇到麻烦。例如，几乎所有的宗教信仰都没有这类能说服通情达理、不偏不倚的陪审团的证据。当然，支持"克利福德寓言"的人可能认为，这正好说明不能信仰宗教——事实上，宗教问题正是克利福德那篇文章的核心议题——但是，"克利福德寓言"造成的有害影响，已经远远超出了宗教范畴。赞同"克利福德寓言"中的观点可能会损害我们的权利，使我们在道德、政治和哲学上难以保有很多在我们看来最为珍视的信念；因为在这些领域，即使在通情达理、不偏不倚的人中间，要取得一致意见也是出奇地困难。事实上，在许多科学问题上，也没有这样的共识。

在通情达理、不偏不倚的人之间难以取得共识的一个原因就是，一个人对某个命题的相信程度和他的背景信念有关。在一套背景信念下，一个说法可能非常可信；但在另一套背景信念下，就可能很不可信了。当然，即使是通情达理、不偏不倚的陪审员，背景信念也不可能都一样。我们是不是可以这样说，要求一个人只有在有充分证据的情况下才能相信一个论断，这个要求针对的不仅是这个论断本身，还包括这个人的所有背景信念？如果真是这样，那这个要求就太苛刻了，能不能遵守都值得怀疑。事实上，我们甚至不清楚将一个人的所有信念作为"一个整体"接受批判性审视是什么意思。可以说，一个人只能在自己整体信念的基础上，才能批判性地审视某个信念。

我们已经看到，"克利福德寓言"遭到了强烈的反对，但是，它也许并非一无是处。如果为"克利福德寓言"辩护，我们能说些什么呢？

有一种为"克利福德寓言"辩护的观点是这样说的：支持一种信念的证据越少，它越有可能是假的。尽管这种说法存在争议，但为了便于讨论，我们暂且接受它。问题是，形成信念时，只应该考虑这个信念的真假吗？真理到底为什么这么重要？

真理的一个好处是工具性的。一般来说，根据真理（或者至少是接近真理的）信念行动，比根据错误的信念行动更有可能确保一个人实现目标。当然，有时候错误的信念也可以对一个人有利——想想那些幸运的旅行者，因为走错登机口而错过了飞机，结果那架飞机却失事了——但这些例子都是例外，一般情况下，真理还是会带来成功。像我们这样的生物，生活在复杂多变的环境中，有充分的理由要形成真实信念，因为我们永远不知道什么时候某个信念就能起到作用，影响到我们未来的成功。

但是，尽管我们可以说，在信念形成机制中，追求真理的人一般而言会比不追求真理的人过得好，但是在某些领域，适度的自我欺骗对一个人有好处。也许那些自视甚高的人比实事求是的人过得更好。当然，有充足的证据表明，人类往往真的自视甚高。大多数司机认为他们的开车水平比其他司机更优秀，大多数教师认为他们比其他教师更优秀，而且大多数人认为他们对自己的评价比其他人对他的评价偏见更少！事实上，过度积极的自我评价甚至可能是人类的一种普遍特征。与其假设自然选择总是偏向于那些有助于形成正确信念的机制，不如假设在某些领域，自然选择更偏向于选择有助于形成对自己有利信念的机制。

真理与结果之间发生矛盾的可能性不仅局限在个人对自身的看法这个领域，而且还延伸到其他领域，有些领域对于社会和政治都很重要。考虑一下这个问题，如果科学的发展破坏了关于自由意志的真实性，或者道德客观性的信念，会出现什么情况？不管科学是否会破坏这些信念，人们普遍认为这是有可能的。但我们接着会想到，如果破坏了对自由意志的信仰，或者对道德客观性的信仰，那么很多社会和政治制度的基础就会不复存在，而这些制度是我们人类身份的核心。如果这是真的，那么只相信真理——或者说得更谨慎些，只相信有证据支持的东西——就可能会破坏人类繁荣兴旺的必要条件。在这一点上，当我们被迫要在真理和结果之间做出选择时，我们是否还应该选择真理，就不再那么显而易见了。

当然，有人可能会说，不管正确信念的工具价值是什么，它同样具有其固有的价值。也许正确的信念就像爱情、友谊和美一样——本身就是一种善。我认为这个想法有一定的意义，至少在它涉及某些会造成后果的信念时更是如此。（对于一些琐碎的事情，比如餐具抽屉里有多少把刀叉，正确的信念似乎没有任何固有价值。）但是，对于重要问题，即便正确的信念真的具有其固有价值，我们也不能因此认定，它的价值总会胜过达成结果后能够获得的其他所有价值。

第八章

思维的边界

我们的心智在思维世界中所占的位置，和我们的
身体在大自然中所占的位置相同。

　　　　　　——帕斯卡《思想录》（*Pensées*）

虽然地球表面还有人类未涉足的地方（更不用说地球内部
了），但我们已经对这个星球进行了相当彻底的探索。然而，
对于我们星球之外的领土，就不能说同样的话了。作为一个物
种，我们几乎没有离开过地球家园。毫无疑问，人类对银河系
的探索将继续快速推进，但即使是最乐观的估计，我们也只能
访问宇宙的一小部分。考虑到我们的物理局限性，我们根本无
法接触到浩瀚的时空。

人类的探索范围可能是有限的，但人类的思维范围呢？思
维是否也受到限制？还是说，我们的思维可以理解任何事情？

尽管这个问题可以讨论，但我们显然同意，对有些真理，我们永远也无法找到任何证据。在本章中，我们将关注一个更深层次的问题：对有些事情，我们是不是根本无法思考？换句话说，在现实世界中，是否有某些方面对我们来讲是"认知封闭"的？

初看上去，认为现实中的某些方面可能超出了我们的思考范围，这实在有些令人难以置信。毕竟，知觉和思维之间的一个不同就是，思维不像知觉那样受到限制。正如我们在第一章指出的那样，尽管世界上有些东西太小了我们看不到，有些气味太微弱了我们闻不到，有些距离太远了我们触碰不到，但从表面上看，这个世界上似乎没有什么东西我们想不到。那我们有什么理由要认真对待可能存在的"认知封闭"呢？

这是有理由的。既然人类的思维机制是我们生物遗传的一部分，我们就有充分的理由相信，它也像其他生物系统一样，受到了各种缺陷和盲点的限制。如果不想贬低思维卓越的能力，我们难道要怀疑黑猩猩能否思考量子力学，或者灌丛鸦能否掌握几何学的基本知识？但是，假如在现实中，有些领域的确是其他物种无法理解的，我们为什么要假设我们人类就能理解现实中的所有领域呢？与其他物种相比，我们可能不那么容易受到"认知封闭"的影响，但如果认为人类理性的光芒可以照亮宇宙的每一个角落，那肯定是极度的狂妄自大了。

承认我们受到"认知封闭"的限制是一回事，但要能准确指出在现实中到底哪个领域是我们无法思考的，则是另一回事。我们有没有可能划分人类思维的边界呢？这个问题似乎有些荒谬。毕竟，有人可能会说，如果我们真的无法思考某些事情，那么我们根本就无法想到它，更不用说还能知道它是无法思考的了。但事实上，试图划定思维的边界并不是什么自相矛盾的事。理解这一点的关键就在于，将人的思维与实际的思考区分开来。假设我暗地里想："张三这个想法让她很高兴。"在这种情况下，我只是想到了张三的想法，并没有真正在思考张三的想法。同样，为了划出思维的抽象边界，并不需要一个人去思考不能思考的事情。正如一个人可以知道自己有什么事不知道（"知道不知道的"），一个人也可以思考自己有什么事不能思考（"思考不能思考的"）。

我们现在来看看现实世界中的三个方面。很多理论家认为，现实世界中的这三个方面超出了我们的理解范围：意识的本质、物自体（Things in themselves）的本质以及上帝的本质。

意识的本质

如果你像我一样，你大概会在读书的时候喝上一杯浓咖啡。让我们假设你现在正在享受这样一杯咖啡，它让你闻到了熟悉的味道。那么，你现在的大脑状态和你对咖啡的意识体验之间有什么关系？为什么是这种大脑状态和意识相关联？而且，为什么它与这种特殊的意识体验（咖啡的味道）相关联，而不是与其他的意识体验（比如沙丁鱼的气味，或者大提琴演奏出的中音C调）相关联？

尽管人们为此思考了好几个世纪，但还没有人对这些问题提出过任何合理的解释。这里的问题不在于已有很多说法能够解释大脑和意识之间的关系，只是尚无证据证明某种说法比其他说法强。这里的问题在于，还没有人提出过任何可能的解释，可以说明神经活动是如何产生意识体验的。借用美国哲学家约瑟夫·莱文（Joseph Levine）的话来说，大脑状态和意识状态之间似乎存在着一条"解释鸿沟"。

一些理论家认为，我们在这方面的无知只是暂时的，神经科学的进步将会形成一些新概念，带领我们跨过神经活动和意识体验之间的鸿沟；另一些理论家——经常被称为"神秘主义者"——则认为，在这方面，我们永远也不会知道答案，我们天生就无法理解大脑和意识之间的关系。19世纪的英国物理学家约翰·丁达尔[1]在下面这段话中明确表达了这一观点：

> 大脑的物理状态如何产生相应的意识状态，这个问题是无法思考的。即便我们假定，一个明确的想法和大脑中一个明确的分子活动同时发生，但我们并没有心智器官，显然也没有这种器官的雏形，能够使我们通过推理的过程，从一个状态过渡到另一个状态。

神秘主义对此有各种论证，有的论证比其他论证更有说服力。其中一个论证诉诸这样一个事实：尽管对意识这个话题进行了这么多个世纪的反复思考，但我们至今仍无法对大脑状态和意识状态之间的联系给出任何看似合理的解释。这种论证实在难以服人。毕竟，就像数学家在发现零之前，或者物理学家在认识到速度和加速度的区别之前的时刻，也许我们恰好处在

1　约翰·丁达尔（John Tyndall，1820—1893），英国物理学家，英国皇家学会物理学教授，也是著名物理学家、化学家迈克尔·法拉第的学生和朋友。首先发现和研究了胶体中的丁达尔效应。

取得突破的关键点上,马上就能发现意识的本质。也许,我们需要的只是某人的灵光一现,然后我们就能理解意识和大脑之间的联系了。

哲学家科林·麦克金(Colin McGinn)对神秘主义提出了一个更有价值的论证。他认为,由于我们形成概念的能力受到限制,所以理解不了意识和大脑之间的联系。根据麦克金的说法,我们只能通过内省获得有关意识的信息,通过知觉获得有关大脑的信息;因此,我们没有统一的信息渠道同时获得意识和大脑的信息,这造成了我们永远无法形成那些有助于理解神经活动如何产生意识的概念。确实有某种理论可以解释这一点,但是麦克金认为它超出了我们的理解范围。

麦克金的观点并非没有受到质疑。在他的观点中,最具争议的大概是,他假设我们形成概念的能力直接受到我们获取信息的渠道的限制。批评者用自然科学做例子,指出人类的大脑能够创造超越感官信息的概念。也许——他们继续说——尽管这些概念并不直接来自内省或者知觉,但我们也能发展出正确的概念来解释物理状态和经验状态之间的关系。神秘主义提出的这些挑战和质疑意义重大,但现在就下结论说,对神经活动如何产生意识的了解超出了我们的理解范围,还为时过早。

物自体的本质

一个重要的哲学传统认为，我们对世界的认识必然受到事物在我们眼前呈现方式的限制，我们永远无法把握物自体的本质。这个说法非常有名，因为它和德国哲学家伊曼努尔·康德有关。康德将事物分为呈现出来的样子［现象（phenomena）］以及它们本来的样子［本体（noumena）］两个概念。康德认为，科学只能研究现象领域，它永远无法使我们了解这些现象背后的本体是什么。

康德的解释充满了争议，这是一个臭名昭著的话题。我们在这里并不详细讨论他的意思到底是什么；相反，我只关注一个论证版本。哲学家雷·兰顿（Rae Langton）对康德的本体不可知论进行了最详细的阐述。

在兰顿的解读中，康德的立场是要区分两类不同的属性：固有属性和关系属性。物体的固有属性是指它自身所拥有的、独立于其他物体存在的属性；物体的关系属性，正如它的名字所表明的那样，是凭借与其他物体发生关系所拥有的属性（例如，"已婚"是关系属性）。兰顿认为，当康德声称我们无法洞察事物的本质时，他的意思是说，我们无法洞察事物的固有属性。

兰顿认为，康德对这一立场的论证，提出了一个新的、关于物体因果力（Causal Powers）的主张。物体的因果力是一个物体以某种方式改变或影响周围物体的力量。例如，铃铛的因果力就包括能产生特殊声波的能力。康德认为，一个物体的因果力并非物体的固有属性，而是其诸多关系属性中的特征。如果这是真的，那我们就没有任何手段能接触到物体的固有属性，因为我们唯一接触物体本质的方式就是通过它的因果力。我们对自然界的探索包括"刺探"或者"戳弄"某个物体，看看它对我们会有什么影响。除此之外，我们在研究科学时并没有别的方法。正如康德所说：

> 我们把我们的心灵在以某种方式受到刺激时接受表象的这种感受性称为感性……我们的本性导致直观永远只能是感性的，也就是说，只包含我们被对象刺激的方式。[1]

---

1 这段话出自康德的《纯粹理性批判》（注释本）（*Kritik der reinen Vernunft*）。李秋零译注，中国人民大学出版社（2011）。

　　所以，如果对事物的认识只限于对它们因果力的理解，而且，如果事物的因果力不属于它的固有属性，那么我们就永远无法认识事物的固有属性。事实上，我们面对的情况比这更糟：我们不仅永远无法了解一个物体的固有属性，我们甚至无法以任何实质性的方式思考这些属性。这一立场——兰顿称为"康德式的谦逊"——当然是"认知封闭"的一种形式。

　　面对"康德式的谦逊"，其中一种反应就是不承认这种说法，不认为一个物体只能依靠关系属性影响其他物体。事实上，大多数当代哲学家也许都会做出同样的论断。他们认为，（比如说）当物体受到声波影响时，往往会表现出某种样子，这是它固有属性的一种表现形式，符合这种环境下任何起作用的自然法则的规律。但是，兰顿认为，在解释本体（即物自体）的本质时，这种立场也好不到哪儿去。因为，如果物质的固有属性只是偶然和它的因果力相联结（看上去挺有说服力），那么就不可能从一个物体的因果力反向推理，从而理解它的固有属性。换句话说，它可能说明，不论一个物体的因果力是不是只是关系属性，其固有属性都可能超出了我们的理解范围。

上帝的本质

"认知封闭"的第三个领域是关于上帝的本质。在这个领域中，已经有很多人做了论证。许多宗教都有一种神秘主义的说法，认为上帝巧妙地避开了人类思维的理解。正如德国宗教学者鲁道夫·奥托[1]所说，人类"既不能用语言描述，也无法在大脑中思考"上帝的本质。这种神学研究方法通常被称为"强否定法"（Via negativa），因为它的拥护者认为，我们无法理解上帝是什么，只能理解上帝不是什么。

一些神学家认为，我们无法对上帝形成肯定性的概念，这是因为上帝的本质中没有肯定性属性。这个观点引申一下，会有自相矛盾的地方。我们无法理解上帝的本质，是因为上帝的本质中有一个特性，那就是：上帝没有本质。尽管人们喜欢这种说法，但它的一致性令人怀疑。毕竟，真有什么东西没有本质属性吗？难道所有存在的事物不都至少拥有"存在"这个属性吗？难道上帝不是必须拥有自我同一性这个属性吗？还有，所谓的否定性属性又算什么？难道是例如不是质数这个属性，

1　鲁道夫·奥托（Rudolf Otto，1869—1937），宗教学家、哲学家、基督教神学家。

或者不是玻利维亚公民这个属性？主张"强否定法"的人难道不应该承认上帝拥有这些属性吗？如果他们认为这些属性不是真正的属性——也许它们真的不是——难道他们不应该至少承认上帝拥有一些真正的（肯定性的）属性吗？毕竟，上帝不是质数也不是玻利维亚公民呀。

关于"强否定法"还有另一个更强大的论证：我们人类自身的特征，使得我们无法理解上帝的本质。同样，这一主张的基本原理也要诉诸概念形成时的底层过程。因为人类无法从我们熟悉的、平凡的现实世界中形成一个抽象过程来理解上帝的本质，因此——神秘主义者声称——在我们所熟悉的地球上的物体和上帝的本质之间，有一条永远无法逾越的鸿沟。

上帝的本质是否完全超出了我们的理解范围？批评者可能会指出，在神秘主义者将上帝描述为不可言喻之物时，他们至少将一种属性赋予了上帝，即"不可言喻"这种属性。但如果上帝有这种属性，那么就可以说，上帝至少有一种我们可以理解的属性，因此上帝的本质并非完全超出了我们的理解范围。

神秘主义者不必被这种反对声吓倒。他们可以说，尽管"上帝不可言喻"似乎赋予了上帝某种属性，但不可被这句话欺骗了。正如"独角兽是不存在的"这个句子，似乎赋予独角兽一种属性（即"不存在"这个属性），但实际上，这种属性全无用处。相反，这句话这么说会更清楚："认为独角兽存在，是错误的。"神秘主义者也可以选择另一种应对方式。他们可以承认"不可知"是一种属性，但坚持认为，把这种属性赋予上帝并不违背"强否定法"的核心原则，因为"不可知"这个属性仅仅是一种关系属性。一个人可以在不理解上帝固有属性的情况下，理解上帝是不可知的。

总　结

我们已经讨论了现实世界中的三个方面，人们认为这些领域对人类而言是"认知封闭"的。正如我们已经看到的那样，围绕每一个方面都有一定程度的争议，但把这些随之而来的争议放在一起，有利于我们对自己的认知能力产生更清醒的认识。我们的思维能力可能比其他物种强得多，但肯定不是没有边界的。

不过，无论人类的思维边界在哪里，毫无疑问，目前我们离它的距离还很远。还有很多思想，很多深刻的、重要的、意义深远的思想，尚无人类涉足。我的这本书引用了布莱士·帕斯卡的一段话作为开场白；因此，我或者也可以引用帕斯卡的另一段话作为本书的结束语：

　　因而，我们全部的尊严就在于思想。正是由于它而不是由于我们所无法填充的空间和时间，我们才必须提高自己。让我们努力吧，好好思考；这正是道德要求我们做的事。

马上扫二维码，关注"**熊猫君**"

和千万读者一起成长吧！